陈耿宣　郭立明

著

农产品电商教程

从入门到精通

西南财经大学出版社

中国·成都

图书在版编目(CIP)数据

农产品电商教程:从入门到精通/陈耿宣,郭立明著.--成都:
西南财经大学出版社,2024.9.--ISBN 978-7-5504-6354-7

Ⅰ.F724.72

中国国家版本馆 CIP 数据核字第 2024NC5497 号

农产品电商教程:从入门到精通
NONGCHANPIN DIANSHANG JIAOCHENG:CONG RUMEN DAO JINGTONG

陈耿宣　郭立明　著

策划编辑:何春梅　周晓琬
责任编辑:周晓琬
责任校对:邓嘉玲
封面设计:墨创文化
责任印制:朱曼丽

出版发行	西南财经大学出版社(四川省成都市光华村街55号)
网　　址	http://cbs.swufe.edu.cn
电子邮件	bookcj@swufe.edu.cn
邮政编码	610074
电　　话	028-87353785
照　　排	四川胜翔数码印务设计有限公司
印　　刷	四川煤田地质制图印务有限责任公司
成品尺寸	165 mm×230 mm
印　　张	13.125
字　　数	143 千字
版　　次	2024 年 9 月第 1 版
印　　次	2024 年 9 月第 1 次印刷
书　　号	ISBN 978-7-5504-6354-7
定　　价	35.00 元

专家顾问委员会

总　序

在这片古老而又充满活力的土地上，稻穗金黄，麦浪翻滚，这是中国农业的生动写照。然而，随着时代的车轮滚滚向前，我们对这片土地的耕耘与期待也在不断升级，农业、农村、农民——"三农"问题一直是国家发展的重要基石，农业的现代化、农村的振兴、农民的素质提升，已成为推动社会进步的关键力量。西南财大出版社推出的"服务'三农'系列图书"正是在这样的大背景下应运而生，旨在为农业农村现代化发展提供智力支持和实践指导。

一、选题背景

2023 年，《农业农村部办公厅关于做好 2023 年高素质农民培育工作的通知》发布，这不仅是对农业人才的一次全面提升，更是对乡村振兴战略的有力支撑。我们看到了国家对于培养新时代农民的坚定决心和明确方向。高素质农民不仅要有扎实的农业知识，更要有创新精神和实践能力，能够在新的历史条件下，引领农业发展，促进农村繁荣，带动农民增收。我们深知，高素质农民的培养，不仅是知识的传授，更是精神的传承和实践的引领。

二、出版意义

"服务'三农'系列图书"的出版，正是响应国家号召，致力于培养具有现代视野、创新思维和实践能力的新型农民。我们希望通过该系列图书，为农民朋友以及投身农村建设的干部群众提供系统的学习资料，帮助他们在农业科技、经营管理、法律法规等方面获得全面的提升。

三、书系内容与结构

本系列图书分为两大类：一类是"培育现代化新农人图书"，另一类是"高素质农民培育与农业农村知识科普图书"。我们注重实用性与学术性的结合，力求让每一位读者都能在轻松阅读的同时，获得深刻的洞见。写作语言力求简洁明了，图书内容力求深入浅出，写作目标是让每一位农民都能轻松掌握图书内容。

培育现代化新农人图书：聚焦于新农人的创业实践和技能提升，包括《农产品直播带货：从入门到精通》《三农短视频：从入门到精通》以及《农产品电商：从入门到精通》等书籍。这些书籍将为农民朋友们提供实用的创业指导和技能训练，帮助他们在新经济形态下找到适合自己的发展路径。

高素质农民培育与农业农村知识科普图书：侧重于普及农业农村相关知识，包括《新时代"三农"金融知识100问》《乡村振兴战略与政策100问》等。这些书籍将帮助农民朋友们更好地理解农业政策，掌握法律法规，促进农业与相关产业的融合发展。

四、对读者的期望与祝福

我们期望"服务'三农'系列图书"能够成为农民朋友们的良师益友，不仅在知识层面给予他们丰富的滋养，更在精神层面激发他们的创新意识和实践勇气。我们相信，通过不断学习和实践，广大农民朋友都能够成为新时代的农业先锋，为实现乡村振兴战略贡献自己的力量。

愿"服务'三农'系列图书"能够伴随你们在农业现代化的道路上不断前行，共创辉煌。

愿"服务'三农'系列图书"成为连接知识与实践、传统与创新的桥梁，助力每一位农民朋友在新时代的农业发展中绽放光彩。

最后，我们向所有致力于农业农村发展的人们致以崇高的敬意。

陈耿宣　张藜山

2024 年 8 月

前　言

随着互联网技术的发展与普及，电子商务在现代商业中的作用和影响不断提升。特别是在农产品领域，电商不仅为消费者带来了便利，更为农民开辟了新的销售渠道，促进了农村经济的发展和振兴。《农产品电商教程：从入门到精通》是一本全面而深入的指南，是基于对农产品电商市场的深刻认识，以及对实战案例的详细分析与总结后编写而成，旨在帮助希望在农产品电商领域取得成功的读者把握行业发展的脉搏，掌握电商运营的核心技能。

本书适合农产品电商新手、中小型农户与合作社、农村创业者，以及企业决策者和管理者作为初级教程使用，也可以在职业技能培训、院校电商课程和企业内训等场景作为教材使用。

全书共分为五章，内容涵盖了农产品电商的发展前景、准备工作、运营策略、实战案例分析以及电商模式的创新应用。每一章节都力求深入浅出，结合实际案例，为读者提供最实用的知识和技巧。总的来说，本书具有以下特点。

（1）知识的全面性与系统性。本书从农产品电商的宏观背景分析入手，为读者提供了一个全方位的视角。内容涵盖了从网店开店、网店运营策略、品牌建设、物流配送到客户服务等方面，读者能够了解农产品电商的每一个环节，构建一个农产品电商的知识框架。

（2）内容实战性强。本书内容包含了大量具体的操作步骤、案例分析和营销策略，具有很强的指导性。为读者解答了在电商运营过程中可能遇到的各种问题，并提供了切实可行的解决方案。

（3）具有创新性。本书紧跟电商行业的最新发展趋势，特别强调了数字化、社交化的新兴模式在农产品电商中的应用，探讨了"互联网+"背景下的多种创新商业模式。为想要创新模式的读者提供了一定的参考。

在本书的编写过程中，我们得到了许多行业专家和实践者的宝贵意见和支持。在此，我们对他们表示衷心的感谢。同时，我们也希望您能够提出宝贵的反馈和建议，以便我们不断改进和完善内容。

在农产品电商之旅中，可能会遇到挑战和困难，但请记住，每一个成功的故事都始于勇敢的第一步。愿本书成为您旅途中的指南和伙伴，助您一臂之力。最后，我们期待着听到您的故事，看到您在农产品电商领域的耀眼成就。

作者

2024 年 8 月

目　录

农产品电商大有可为

● 农产品电商发展背景

2023 年，全国农产品网络零售额达 5 870. 3 亿元[①]。农产品电商具有极高活跃度，甚至超额完成了我国中央网信办等五部门印发《2022 年数字乡村发展工作要点》中定下的目标，足以见得农村电商之火爆。

农产品电商一直以来都受到党中央、国务院的高度关注。2021 年中央一号文件提出，加快完善县乡村三级农村物流体系，改造提升农村寄递物流基础设施，深入推进电子商务进农村和农产品出村进城，推动城乡生产与消费有效对接，为农村农产品电商奠定基础条件。2022 年中央一号文件提出，鼓励各地拓展农业多种功能、挖掘乡村多元价值，重点发展农产品加工、乡村休闲旅游、农村电商等产业，实施"数商兴农"工程，推进电子商务进乡村。2023 年中央一号文件提出深入实施"数商兴农"工程和"互联网+"农产品出村进城工程，鼓励发展农产品电商直采、定制生产等模式，建设农副产品直播电商基地。商务部、中央网信办、国家发展改革委《"十四五"电子商务发展规划》（以下简称《规划》）提出，农村电商是电子商务的重要领域，担负着推动乡村振兴的重要职责。《规划》中将其作为重点任务进行了安排部署，

---

① 数据来源于商务部大数据。

并推出了 4 项配套工程。全国各地也积极响应，纷纷发布了很多利好农产品电商的地方政策，大部分地方政策均提到要大力发展农村电子商务及加强农村寄递物流体系建设等内容。直到 2023 年，农村电商和快递物流覆盖率已突破 90%，农产品网络零售额实现了巨大增幅①。

从长期发展来看，农产品电商未来可期！这是因为我国农村电商需求量大，市场前景广阔。政策支持农村电商，包括基础设施、物流体系等方面的支持。互联网规模仍在持续扩大，农村网民越来越多，意味着越来越多的农村网民会接触到电商，农村电商市场将进一步扩大。因此农村电商、农产品电商仍具备巨大的发展空间，并且目前还在向着好的方向发展。

1. 国内经济利好

从宏观经济的层面上看，农村电商市场规模巨大、政策利好行业发展、基础建设增强支持行业发展，在《2023 中国农产品电商发展报告》中就提到，农产品电商未来将进入中高速发展时期。2023 年《政府工作报告》更是提出，要把恢复和扩大消费摆在优先位置。就目前情况来看，疫情后消费迅速回升、投资反弹以及新兴行业的强劲都体现了我国经济正在回暖。我国 2023 年全年国内生产总值（GDP）比 2022 年增长了 5.2%②，数据也证明了国民经济回升向好。

---

① 数据来源于商务部大数据。
② 数据来源于国家统计局。

从微观上看，农产品电商具有极强的生命力和韧性。2022 年，国内电商市场环境十分复杂，但农产品网络零售市场仍然鹤立鸡群，保持着很强的增长势头，全年全国农产品网络零售额达 5 313.8 亿元，比 2021 年增长了 9.2%，农产品网络零售额呈现快速增长的趋势。而 2023 年，全国农产品网络零售额为 5 870.3 亿元，相比 2022 年，其增长率还在不断升高，农产品网络零售额的增长率更是领先一众商品①。可以看出农产品电商相比其他行业和其他电商类目，具有一股独特的韧劲，2022 年、2023 年的持续增长，证明了在乡村振兴大背景下，作为抓手的农产品相比其他商品更高的零售额增长，足以说明农产品电商具有很强的抗风险能力，以及极强的生命力，能够抵御一定的市场波动。

而农产品电商在我们前面提到的各种政策支持、经济回暖等因素，以及其本身极强的生命力的影响下，已然呈现爆发之势。在未来数年，宏观经济有望崛起形成高质量发展的大趋势。

2. 消费理念成熟

消费者对农产品的品质提出了更高的要求。随着经济的发展，人们的收入水平不断提高，我国社会主要矛盾已经转化为人民日益增长的美好生活需要和不平衡不充分的发展之间的矛盾。2022 年，全国居民人均可支配收入增长到 36 883 元，意味着大家拥有更多收入用于追求美

---

① 数据来源于商务部大数据。

好生活。试想街边小摊上歪歪扭扭、瘦瘦小小的丑萝卜，和经过精选的大小均匀、白白胖胖的大白萝卜，一定是精选大白萝卜更符合我们对于美好生活的向往，而农产品电商相比于传统农产品销售渠道，更容易做到商品分级和标准化，因此越来越多的消费者因为对品质的高要求而倾向于选择电商渠道购买农产品。

消费者通过网络来购物的习惯逐渐成熟。科技进步是促进网络购物蓬勃发展的一大原因，截至 2023 年 6 月，我国网民规模达 10.79 亿人，互联网普及率达 76.4%①。对于大众来说，科技进步就是互联网、电子设备的普及，而互联网和电子设备的普及为居民提供了更丰富多样的消费渠道。以前农民需要上街赶集才能买到的农副产品，现在只需要手机点击、线上支付就可以买到，并且很多商家可以将其购买的商品送到村，甚至还能买到没见过、没吃过的其他地方的特产。上班族只需要抽空在线上商城购买，下班回家就能拿到新鲜的果蔬肉蛋奶，甚至还有提前处理好的"净菜"，能节省很多时间。居家宝妈、行动不变的老人等群体，都享受着网络购物带来的便利。因此网络购物已成为消费者主要的购物方式之一。

文化影响在居民消费理念变化中也起到重要作用：一是国际文化的影响，消费者对品牌、服务的要求变得更高，相信"大品牌"的观念从最早的电器、衣服等商品，发展到农产品领域。消费者对品牌提出了

---

① 数据来源于中国互联网络信息中心（CNNIC）第 52 次《中国互联网络发展状况统计报告》。

要求，同时也为品牌提供了稳定的市场，因此品牌需要了解受众、关注市场、升级服务、建立声誉、不断优化改进，才能抓住这一契机；二是我国近年兴起的电商"助农"风潮，以及我国提出的"数商兴农"工程，同样引领着农产品电商的发展方向。消费者在电商"助农"风潮和"数商兴农"工程引领下，更加关注地方特产、地方品牌等，更倾向于消费承载有"助农"使命的农产品。

● 农产品电商发展价值

1. 助力乡村振兴

习近平总书记指出："发展特色产业是实现乡村振兴的一条重要途径，要着力做好'土特产'文章，以产业振兴促进乡村全面振兴。"其中"产"的基本要求是稳定特色农产品的生产，在保证特色农产品高质量的基础上，稳定特色农产品的生产效益，使农民的基本收益得到保障。而农产品电商完全符合上述基本要求，从多个维度来看，农产品电商都是乡村振兴的一大助力。

农产品电商加快了乡村产业的改造升级，甚至催生了一系列新的产业。例如，改变了"农民种、老板收"的供销模式，拓宽了网络销售渠道，推动了乡村原有产业的转型升级，催生了电商服务业等新的配套产业集群；带动了乡村旅游业的发展，兴起了民宿和农家乐；农产品电商为乡村培养、引进了众多人才，年轻人纷纷回到农村创业，促进了农村劳动力转型，有利于打破乡村人才制约难题；农产品电商把乡土文化推向全国乃至全世界，给中国乡村带来了高度关注。

2. 促进农村发展和农民增收

农产品电商的兴起，带动了相关产业链的发展，如包装、物流、广告等，并形成了一条完整的产业链，为农村居民提供了丰富多样的工作岗位。这些工作岗位如电商的物流、客服、运营等，又促进了就业和农村劳动力的转型，同时还能吸引农村青年返乡创业，减轻了城市人口压力，有利于解决农村"空心化"现象。

农产品电商还能提高农民收入。农民可以使用农产品电商进行创业，搭建线上销售店铺、平台，将自己生产的农产品直接销售给消费者，极大地缩短了农民与消费者的触达距离，降低了中间环节损耗的成本，对于农民和消费者来说是双赢。

● 电商涌动助农潮

1. 阿里巴巴助力农产品品牌打造

2022 年，阿里巴巴发布"热土计划 2022"，计划帮助 1 000 个生鲜企业品牌数字化，在电商销售、供应链以及品牌价值提升等方面提供支持；打造 20 个美丽乡村区域公用品牌，提升县域品牌设计、推广等能力；打造 60 款"一县一品"精品农货，助力农产品品牌建设，全年为乡村品牌提供精准流量，让更多乡村好货从土地来到餐桌。在 2021 年，"热土计划"就已实现 832 个脱贫县在阿里巴巴平台销售额达 1 281 亿元。阿里巴巴乡村教育和职业教育计划已使 61 万名乡村学生受益，累计在全国 71 个区域建立人才培训基地，累计开设超 800 个线下班次，覆盖超 15 万人。

早在 2014 年，阿里巴巴就启动了"千县万村"计划，助力基础设施建设，投资 100 亿元，建立 1 000 个县级运营中心和 10 万个村级服务站，在 2014 年之后的几年以线下服务实体的形式，将其电子商务网络覆盖到全国三分之一的县以及六分之一的农村地区。

2. 京东助推特色农产品

2022 年，京东发布乡村振兴"奔富计划"全景图，全面展示了京东服务国家乡村振兴战略的供应链、物流、技术、金融、服务五大核心能力。自 2020 年 10 月京东乡村振兴"奔富计划"启动以来，京东已对接超过 1 000 个农特产地及产业带，覆盖大量乡村"源头好物"，截至 2021 年年底已带动农村实现 3 200 亿元产值，帮助近百万农户实现大幅增收。

京东"千县名品"项目，更是通过京东自身营销优势，助力各农特产地打造农产品品牌，通过京东成熟的产销模式从原产地直采农产品并送进千家万户，包括北京平谷大桃、福建宁德大黄鱼、内蒙古兴安盟牛肉、广东联饶荔枝等各类特色农产品。

早在 2019 年，京东物流就推出了"千县万镇 24 小时达"计划，将加快供应链、快递、冷链等业务下沉，服务产业带、农产品上行，助力当地脱贫攻坚，促进区域经济发展。

3. 拼多多助建农产品电商新模式

拼多多"多多农园"项目建立在"新农商"模式的基础上，成立了以贫困档卡户为社员的合作社，聘请优秀新农人为合作社领头人，同时"多多农园"项目还与各大农业研究机构合作，为每一个落地项目配备独立的农业科研团队。在项目运作中，拼多多作为发起方和出资方，经考察研究后确定项目的实施区域和产品，为合作社提供资金、培训、销售平台、人才等支持。

● 农产品电商未来要走这些路

农产品电商在发展过程中仍然存在一些短板和问题尚待解决。一是同质化竞争严重，大家都知道电商火热，都在一条赛道上挤，不做差异化、特色化，不做品牌营销，导致竞争成本越来越高但是效益却越来越低。二是农产品生产供应链不完整，产品标准化程度低，包装落后，生产出来的未加工、初加工农产品比较粗糙，与消费者对农产品高品质的要求不一致。三是农村电商生态不完备，农村电子商务服务业滞后，农村电商各环节缺乏优秀的服务主体，软件开发、营销运营、摄影美工等现实问题无法解决，从而形成了一堵堵围墙。农村电商像是困在农村里的孤舟，外面各类电商火热，农村电商却无从下手。四是人才普遍短缺，特别是缺少既懂互联网又懂农村的复合性人才，现有的农村电商普遍缺少专业培训和指导，同时缺少农户看得懂、学得会的农村电商教程。

因此我们要全面了解电商未来的发展趋势和方向，解决目前尚存的短板和问题，就要找到发展方向作为发力点。事实上，农产品电商发展是滞后于其他品类的电商行业的，农产品电商是电子商务行业的一个分支品类，因此要了解农产品电商的未来发展趋势，可以把电子商务整体发展方向和我国针对电子商务的政策导向作为参考，但同时需要根据农产品的特点来进行方向调整。对于农产品电商商户而言，需要根据未来发展大方向有针对性地进行商业规划。

1. 品牌化道路

市场上的农产品五花八门，各类农产品产地、品质、口味甚至购买服务都有一定差异，随着电商行业从井喷式爆发发展到平稳增长，消费者挑选商品更能趋于理性，更注重性价比和品质。那么我们的农产品怎么收获消费者的青睐呢？这离不开品牌打造。

一个消费者信赖的品牌能够带来巨大的品牌引领效应，同一类农产品，具有品牌保障的商品更能吸引消费者群体。对于传统农产品电商来说，通常更倾向于打造地方品牌。但如今大家都认识到品牌的重要性，农产品电商市场同质化竞争较严重，各种地方品牌层出不穷，至2023年全国就已有3 500余个地标农产品，但是除了极少数地标品牌，如五常大米、丹东草莓、攀枝花芒果等，更多的品牌并不被大众了解，更不用提品牌知名度了。

如果想要打造一个农产品电商品牌，新媒体就是互联网时代打造品牌的最好工具，比如抖音、微博、小红书、公众号等新媒体平台。如果希望通过品牌吸引更多客户，可以尝试在新媒体平台注册品牌账号，并创作既符合品牌定位又吸引人的内容。在打造自己的品牌时需要注意，一定要设立好品牌目标，找到有差异化、清晰、明确的品牌核心价值，建立品牌体系等，避免与其他品牌同质化。营销和推广方法各式各样，市场热点更新也极快，因此需要结合品牌自身情况以及市场热点，制定并不断更新相应的营销和推广策略。品牌打造不是一蹴而就的事情，而是需要我们进行长期的规划和经营才能做好。

值得一提的是，从 2021 年开始，农业农村部启动实施农业生产"三品一标"（品种培优、品质提升、品牌打造和标准化生产）提升行动，即新"三品一标"。新"三品一标"作为政府主导的安全优质农产品公共品牌，其本身具有提升独特的农产品品质，增强特色农产品市场竞争力的作用。农业农村部明确，到 2025 年，目标建设绿色标准化农产品生产基地 800 个、畜禽养殖标准化示范场 500 个，打造国家级农产品区域公用品牌 300 个、企业品牌 500 个、农产品品牌 1 000 个，绿色食品、有机农产品、地理标志农产品数量达到 6 万个以上。所以想要打造农产品品牌的商户，不妨了解一下公共品牌，公共品牌可以成为我们借力的东风。农产品"三品一标"标志见图 1-1。

绿色食品、有机农产品可以在中国绿色食品发展中心网站（www.greenfood. agri. cn）查询认证流程、认证标准、认证申请渠道和各省绿色食品办公室联系方式，也可直接进行线上申请申报。申报绿色食品要具备两个条件：一是申请人必须是企业法人、合作社或家庭农场；二是申请企业要到所属县一级农业局环保站申请备案，后续等待上级的进一步审核。申报有机认证的条件是：企业或合作社向有机认证机构提出申请，机构对企业提交的申请进行文件审核，如果审核通过则委派检查员进行实地检查，进行颁证决议和制证发证。

图 1-1　农产品"三品一标"标志

目前，农业农村部已经停止认证无公害农产品；全国农产品地理标志的登记工作由农业农村部负责，但企业、合作社等机构不可作为申请人。

因此作为农产品商户，可以考虑申报绿色食品、有机农产品标志，具体要求以有关部门要求为准。要注意有机农产品认证过程较严格，需要一定的认证费用，申报时还需要仔细了解和考量。

2. 标准化道路

未进行标准化生产的农产品通常会出现口感、味道、大小、色泽差别巨大的情况，加上不标准化的储藏、运输、交易服务等因素，消费者的消费体验将极不可控。同一款苹果，第一次买时既甜又脆，发货非常迅速，第二次买时却口感绵软，发货缓慢，如此，店铺将流失大量顾客，甚至导致投诉、退货退款等情况发生，更是会给消费者留下"宰客"的印象，非常不利于店铺的长线经营。

2020 年，国家市场监督管理总局指出，标准化是经济活动和社会发展的重要技术基础，发挥着重要的支撑保障和引领作用，为加强农产品电商标准化工作，国家针对农产品电商开展了"标准化+"行动。《中共中央 国务院关于做好 2022 年全面推进乡村振兴重点工作的意见》中也明确指出，"开展农业品种培优、品质提升、品牌打造和标准化生产提升行动，推进食用农产品承诺达标合格证制度，完善全产业链质量安全追溯体系"。"十四五"规划指出，提高农产品标准化、多元化、品牌化、可电商化水平，提升农产品附加值。可以见得，国家、行业、市场纷纷对农产品的标准化提出了更高的要求。

标准化是整个农产品电商行业的大趋势，目前，农产品电商交易仅需要达到《农业社会化服务 生鲜农产品电子商务交易服务规范》（GB/T 41714-2022）和《中华人民共和国农产品质量安全法》等的相关要求，但是对于农产品电商商家而言，仅保证交易服务和农产品符合基本国标显然不足以满足市场需求。因此目前标准化的唯一办法是商家以高于国家标准，即达到更高的标准来要求自身，自家商品的标准化才能够有助于避免农产品品质参差的问题，从而增强消费信心，有利于形成品牌价值，打造品牌形象。

如果商家想要制定自己的标准，比较简单的办法是，参考国家统一标准，并结合农产品特性，从农产品生产、检验、分拣、加工、包装、储藏、运输、销售等工作着手，提出比国家标准更高的要求，促使销售终端的农产品和交易服务始终保持在一定的品质区间。在自家商品标准化的时候要注意一点，标准并不是越高越好的，标准的前提是有技术作为支撑，比如，某商家种葡萄，如果修剪技术、施肥设备和技术不过关，就算提出再高的标准，种出来的葡萄依旧会有一串大一串小、甜度不一致的情况。因此在提出商品标准化和规范时，一定要考虑技术和成本因素，如果技术有限制，就需要优先解决技术难题，不能盲目抬高标准，否则最终后果可能是"赔了夫人又折兵"。

3. 数字化道路

"十四五"规划指出，要加快数字化发展，促进数字技术与实体经济深度融合，加快推动数字产业化，推进产业数字化转型。《数字乡村发展战略纲要》显示，要用四个发展阶段来实现数字乡村建设的发展目标。2020 年中国已初步取得进展，实现第一个阶段目标，2021 年进入第二个发展阶段。其中，数字农产品电商是全面乡村振兴建设以及数字乡村建设的重要内容和"牛鼻子"。

目前，中国数字化农业正在呈现井喷式的增长趋势，物联网、大数据、区块链、人工智能、5G 等现代信息技术的加速发展与农村农产品流通智能化，使得利用大数据对接大市场，实现农产品溯源等方式促进农产业融合应用已成为可能，农业数字化也因此不断发展。对于农产品电商，可以通过数字化平台实现农产品电商数字化转型，形成高效、安全、绿色、智能的产销体系。

农业数字化更多是从农业的宏观发展上看的，农产品电商实际上已经是数字化的产物，而数字化是科技进步的产物，因此农产品电商随时可能会因为技术升级或迭代而变化。作为农产品电商商家，随时有可能从农业数字化、产业数字化中找到突破口。所以我们需要做的更多的是了解农业数字化趋势，关注农业数字化最新进展，并结合农业数字化大趋势进行商业规划。

4. 社交化道路

随着电子商务的不断创新发展，我国使用移动设备上网的居民越来越多，网络直播、短视频等形式成为农产品销售新模式，可预见未来会出现更多更新形式的农产品电商模式，其中农产品电商"社交化"即是一种趋势。

农产品电商的"社交化"的运营模式不同于以商品为核心和以促销为主要手段的货架式传统电商。在社交化农产品电商中，农产品生产者可以直接与消费者建立联系，通过社交媒体平台展示农产品的生产过程和品质，从而提高消费者对农产品的信任度。农产品电商社交化的优点在于为消费者提供透明、便捷的消费体验，这大大增强了用户粘性，并且能够减少中间环节，降低交易成本。同时在社交平台上，用户可以分享自己的购物体验、评价产品、提出问题，这些消费者自发的互动行为能够形成高效推广，消费者之间的互动还能增加用户粘性。

社交电商目前可以分为拼购型、会员分销型、社区团购型、内容型、社交电商服务型等。以拼购型为例，当前拼多多、微信等各类团购平台均属于该类型，拼购型社交电商能够凭借较低价格收获第一批价格敏感型消费者，其通过拼团、砍价等形式，以低成本达成用户裂变，推广效率极高。而小红书则是内容型社交电商，能够通过有趣、使人共情的内容快速触达消费者，甚至能和消费者成为朋友，因此内容型社交电商的客户粘性强、复购率高。

目前社交电商正在迅速兴起，并有与传统电商分庭抗礼之势，可见社交电商将是未来农产品电商的发展方向之一，仅靠传统模式来经营农产品电商将不再符合电子商务发展潮流，因此在考虑农产品电商经营模式时，不妨借鉴社交电商的可取之处。

5. 特色化道路

当前，我国农产品电商行业头部品牌虽然"量大货全"，但是同质化竞争严重，欠缺独特发展模式，导致农业品牌价值和影响力不高。从当前电商平台数据来看，果蔬类产品销量波动较大，新产区的特色农产品电商在逐渐兴起。因此通过探索新模式、新产品的特色化农产品电商可以形成错位竞争的优势。

农产品电商商家想要实现特色化，常见的方向有：地域特色化，也可以说是特产化，将其他地方少见的当地优质农产品通过网络平台推向市场；产品差异化，比如，同是大米，富硒大米相比于其他大米就更具有差异化优势，并且还具备一定的生产条件和技术门槛；定制化服务，比如，通过控制光照在苹果上印上定制的祝福语，或者每日坚果组合等，不仅相比其他产品更具特色，而且提升了附加值。农产品电商的特色化还能从其他维度不断拓展，不过也要注意，大部分农产品特色化需要一定的运营、管理和技术才能实现。

特色农产品电商目前仍有供应链体系、人员队伍等方面的短板，大多数特色农产品产区设施建设落后，产业链不完善，导致物流成本高、特色农产品产销衔接不顺畅等问题。因此选择发展特色农产品电商时还应考虑产地基础建设、产销衔接等问题，或者使用数字化智能化的工具来解决以上问题。

农产品电商要做的准备

● 农产品电商重点领域

1. 重点品类

农产品是一个大类，农业活动生产的动植物及其产品都叫农产品，而在农产品电商中，由农产品简单加工而来的食品常常也会被归入农产品的范畴，因此在农产品电商中可以把农产品分为初级农产品和加工农产品。

2023年农产品网络零售交易额前三名是休闲食品、滋补食品和粮油，比重分别为17.1%、13.3%和13.3%[①]（见图2-1）。而近年来零售额上涨速度较快的有滋补食品、粮油和奶类。休闲食品、滋补食品和粮油可谓是农产品电商中的明星类产品。休闲食品本身市场需求庞大，所以零售额高；而粮油和滋补食品，一个是刚需产品，另一个则伴随着居民生活水平的提高而崛起；奶类虽然零售额占比还不高，但是增长很快，颇有异军突起的趋势。

---

① 数据来源于商务部大数据。

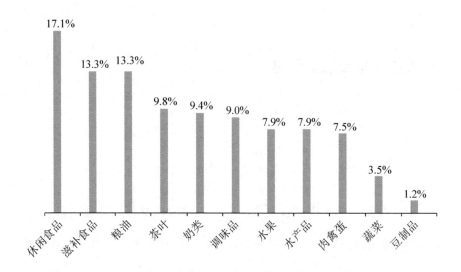

图 2-1　2023 年农产品网络零售分品类交易额占比

（1）初级农产品

初级农产品是指通过种植、畜牧、渔业等农业活动直接采收，未经过加工的产品。比如，直接从藤上采下的新鲜黄瓜，上架店铺后直接销售给客户，那么黄瓜就是初级农产品。

在农产品电商中，水果、水产品、肉禽蛋、蔬菜和奶类中的鲜奶等属于初级农产品，由于鲜奶在奶类销售中占比较低，因此奶类可以大致看成加工农产品。从图 2-1 可以看到，初级农产品在 2023 年网络零售中的交易额占比均不高，由高至低分别是水果 7.9%、水产品 7.9%、肉禽蛋 7.5%、蔬菜 3.5%。单看初级农产品，水果、水产品、肉禽蛋的交易额相比于蔬菜的交易额更高，可能是初级农产品中的重点领域。

（2）加工农产品

加工农产品是指在初级农产品的基础上使用物理、化学或生物学的方法制成的各种食品或用品。比如，生大豆制成腐竹，鲜玉米制成玉米淀粉，生鸭蛋制成咸鸭蛋，其中腐竹、玉米淀粉、咸鸭蛋就属于加工农产品。

休闲食品、滋补食品、粮油、茶叶、奶类、调味品、豆制品都属于加工农产品。可以注意到，交易额排名靠前的休闲食品、滋补食品、粮油、茶叶，都是加工农产品。这意味着农产品电商的商品发展趋势可能和我们传统观念中的农产品相去甚远，更多的是往加工食品方向发展。从农产品分类的角度看，加工农产品是重点领域。而从加工农产品的角度看，休闲食品、滋补食品、粮油等是重点领域。

同时，初级农产品和加工农产品的零售额占比差异，提醒我们认识到延长农产品产业链、拓展农产品价值链，比如，把生牛奶加工成酸奶，把生兔肉加工成冷吃兔等，才更符合当今的农产品电商市场需求，才能带来更高的经济效益。

2. 重点地区

分地区来看，2023 年东、西、中部和东北地区农产品网络交易额占全国农产品网络交易额比重分别为 63.9%、15.7%、14.9% 和 5.5%（见图 2-2）。近年来，东北地区和西部地区的交易额增长速度较快。

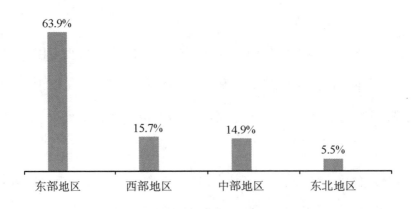

图 2-2 2023 年农产品网络交易额分地区占比

值得重点关注的是，东部地区农产品网络交易额远远超过其他地区，增速不算高，说明当前东部地区农产品电商市场规模十分庞大，市场供需稳定，但是可能存在市场饱和的情况，现阶段开发东部市场可能会导致成本高、收益低。而西部地区农产品网络交易额增长水平很高，原因可能是西部地区物流体系完善、互联网普及率提高、居民消费水平提高等，因此西部地区的农村电商具有巨大市场潜力，但是可能会存在市场波动较大的情况，因此西部地区对于农产品电商商家既是机会又是考验。东北地区虽然增长率较高，但是其交易额占比较小，空白市场较大，但此时投入东北地区市场可能风险较高，需要先观望情况再决定是否投入东北地区市场。因此东、西部地区可能是农产品电商目前阶段布局的重点地区。

● 农产品卖点

1. 产品要找核心卖点

卖点，其实就是商品属性中最有价值的点，最值得消费者付款的点，商品可以通过卖点在同类商品市场上形成差异化的竞争力。

卖点虽然有用，但是越多越好吗？对于一个商品来说，卖点越多，看似符合更多类消费者的需求，但是很难被人记住，更难从一众商品中脱颖而出。举个例子，一个常喝茶饮料、注重养生的顾客，现选购两款茶叶，一款标榜香甜好喝、价格便宜、产地精选等，另一款则有标语"为养生而生"，富含茶多酚等多种活性成分，并辅以检测证书作为佐证。那么第一款会让这个顾客感觉不符合自己的需求，即使花钱买了也不知道有什么作用，从而更倾向选购第二款。

这样有"核心卖点"的案例有很多，比如，巧克力草莓，即红颜草莓，其颜色偏暗红，相比其他草莓更接近巧克力的颜色，于是以巧克力草莓作为商品名，以此吸引到众多想要尝鲜的消费者为其买单；小罐茶"一罐一泡"的卖点，也吸引到追求饮用简单、方便的客户群体，同时使得其产品附加值被拉高。

类似的产品，它们的核心卖点通常只有一个，通过把一个核心卖点与单个商品捆绑，并通过魔性广告、宣传语、商品名等方式深刻印在消费者记忆中，当消费者需求与该卖点匹配时，消费者的第一选择就是这个商品。所以我们为商品设定核心卖点的策略就是，用一个标签，让消费者给这个商品打上"钢印"，那么这个商品也就在市场拥有了一定的份额。

2. 卖点挖掘

对于农产品来说，一个合适的卖点可以大大提升农产品的市场竞争力。农产品的核心卖点是市场营销的核心，商品的核心卖点在产品研发、商品上架时就应该作为重要的考虑因素，后续营销、活动都会围绕核心卖点进行，通常一个商品的核心卖点是不会改变的，核心卖点和商品"捆绑"是相互的。因此为一个农产品挖掘出专属于它的核心卖点十分必要，以下给出几个可供挖掘的方向：

（1）产地和生产环境

农产品的产地，即该农产品生产的主要地区；生产环境，即生产制造的地点的环境。产地和生产环境在消费者眼中能够直接反映农产品的品质，尤其是特产类农产品，这类农产品在大众眼中如果是原产地生产的，几乎是品质最高的。而生产环境相当于更深入地解读了原产地生产的农产品好在哪里，比如，光照影响水果糖分，纯天然造就的零污染农产品等。因此农产品的产地和生产环境是最常见，也是最好用的农产品卖点。

农产品产地的可挖掘内容可以分为古今名地、著名产地、国家级、省级等各级称号地等，这些产地可以给农产品赋予不同的形象。并且产地不一定是某个地方，可以是山川湖海、名胜古迹、名人故里等，甚至可以使用提及产地的古诗词名篇，只要是能赋予农产品具有市场价值的内容，都可以进行深入挖掘，打造卖点。而农产品生产环境包含的维度较多，可以总结为光照、温度、水、空气等方面，还包括加工场地、流程的标准和规范等。

产地和生产环境在卖点中往往是相辅相成的，谈一种农产品的产地，大多也会提到其生产环境。比如，新疆葡萄干、新疆哈密瓜、攀枝花芒果等，它们的特点就是生产环境光照强度高、时间长、昼夜温差大，所以果实糖分累积更多。但是把环境作为卖点时不能直接说光照好、温差大，而和产地相结合形成卖点会显得更有理有据，消费者也更容易接受，比如，"新疆得天独厚的光照，造就了最甜最香的哈密瓜"。当然在实际运用中还需要结合品牌形象，更简洁、创意性地提出核心卖点。不过也有例外，通过名胜古迹、名人故里、古诗词名篇等挖掘的卖点，可能就会较少提到生产环境，比如阳澄湖大闸蟹。阳澄湖是著名的大闸蟹产地，并且古往今来有许多文人墨客写下赞美阳澄湖大闸蟹的名句名篇，因此仅通过给大闸蟹附加上人文色彩，就能大大提高大闸蟹的身价。

（2）品质和安全性

农产品的品质分为食用品质和营养品质。食用品质包括品种、生产过程、产品体验（香味、硬度、甜度、风味、口感、外观）等方面的优势，农产品的营养品质则包括农产品所含的营养成分和健康功效。农产品的食用品质和营养品质其实是消费者最关心的东西，相比于产地和生产环境是间接反映品质，从食用品质和营养品质出发挖掘卖点，则更像是把结果直接拿到消费者眼前，因此这种卖点更容易触及消费者的痛点。

从食用品质出发挖掘农产品卖点比较简单直接，如目标客户群体希望吃脆甜的桃子，卖点就可以直接用"脆""甜"等关键字词，食用品质卖点可以通过直接强调其食用体验吸引消费者的关注和购买。而营养品质可以从两个方面挖掘：一是重点挖掘营养成分含量和比例，以及这些营养成分的作用；二是挖掘其健康功效和保健作用，比如，增强免疫力、抗氧化衰老、降血压等功效。品质类卖点相比产地、生产环境、品质等方面，更容易形成差异化竞争优势。当然健康功效和保健作用需要有一定的文献或实验支撑，需要符合《药品、医疗器械、保健食品、特殊医学用途配方食品广告审查管理暂行办法》等我国对于"保健"商品宣传的相关规定。无论是食用品质还是营养品质，在作为卖点出现时，一般都需要其他内容来辅助卖点。比如，要表现桃子脆，只写"脆"字是很难让人相信的，如果把切开桃子的视频展示在主图中，消费者更能直观感受到桃子的质感是不是真如商家所说的那么脆。因此在选用这类卖点时一定要从消费者的角度出发，把卖点转换成直接、真实、值得信任的形式。

红富士苹果就是以食用品质作为卖点的经典例子，红富士苹果颜色红、单果大小统一、口感松脆、水分含量高，因此喜欢这种体验的消费者就会认准红富士苹果购买。而各种新品种或新品类农产品，则更偏爱使用营养品质，比如羊奶果、沙棘等，就会以营养成分、保健效果等作为核心卖点。

农产品的安全保障也可以挖掘出卖点，不过一般不作为核心卖点出现。消费者购买农产品，首先是追求农产品的食用、使用价值，在此基础上农产品越安全越好，因此如果把安全性作为核心卖点有些舍本逐末的意味。不过安全性卖点对于农产品电商却十分重要，消费者网购可食用产品时，往往会担心购买到没有保障的、不安全的产品，因此在农产品电商化过程中，对于安全性的要求会越来越高。因此不妨在自家农产品展示页附上检测报告、证书、溯源信息、生产环境、加工环境等可以证明安全性的材料，这能够很大程度提高消费者的信任度。

农产品的安全性卖点可以从三个方面考虑：其一是强调商品产地可追溯、已录入国家农产品质量安全追溯管理信息平台（见图2-3）等；其二是产品检测零污染、零农残；其三是产品品控严格，生产透明。随着市场信息透明度的提高和消费者权益意识的增强，消费者对农产品的安全性提出了越来越高的要求，因此以安全性作为卖点将是农产品市场的趋势。

图 2-3　国家农产品质量安全追溯管理信息平台

（3）包装与品牌

包装与品牌卖点包括农产品的包装设计、品牌形象、品牌口碑、品牌附加服务等方面。包装通常结合送礼作为核心卖点，因为大部分消费者购买礼盒、礼品时，最关注的点之一是外观要拿得出手，因此在包装上下功夫，正能击中有送礼需求的消费者。而品牌则可以辅助包装形成卖点，品牌作为卖点需要品牌本身知名度高、用户信任度高，或者有一定的粉丝群体支持，但是品牌要达到这样的层次，本身又需要产品作为支撑，二者是相辅相成的。因此想要打造品牌的商家，即使此刻不把品牌作为卖点，在产品包装上也需要打上品牌标识，等到把品牌形象培育成熟，包装自然就会转化为产品的卖点之一。

包装的卖点就从包装本身挖掘：一是包装外观，针对不同目标客户群体设计的包装外观是不同的；二是包装设计，不同商品客户对包装的需求不同。比如，脑白金"收礼还收脑白金"的核心卖点就是送礼产品，并针对收礼人特点进行了包装设计。除了送老人、送小孩等针对特定人群的包装设计还有小包装、分包装等实用包装设计也可以作为卖点，比如，枣夹核桃、橄榄等产品，可能需要分包装设计，这样契合产品的包装也可以抓住客户使用的痛点。

品牌通常不作为商品的核心卖点使用，但也有例外，比如，某些商品的销售结合了慈善捐赠，注上"本产品收入将全部用于慈善捐赠"等标语，是商品营销与品牌形象的互相成就，可以打造话题并实现引流。

（4）价格和性价比

以价格和性价比作为商品卖点，即强调产品本身的价格、结合品质说明产品的性价比、对比同类商品的价格、作为某高价商品的"平替"等，最终形成核心卖点。

但是以价格或性价比作为卖点缺少独特性和差异性，竞争较大。比如常见的"厂价直销""没有中间商赚差价""全网最低价"这些口号，就是以价格和性价比为核心形成的卖点。其缺点也很容易理解，我可以低价"厂价直销"，别人可以用更低价"赔本赚吆喝"。因此以价格和性价比为卖点，除非商家在成本上有碾压优势，否则别人很容易就打出更低价，导致客户粘性很低，商家为了拉拢客户只能再度让利以追求更低价，形成恶性循环。

● 描绘客户画像

1. 了解客户画像

客户画像，即客户信息标签化，是通过对客户的社会属性、消费习惯、偏好特征等各个维度的数据收集，进而对客户需求或者产品特征进行刻画，并对这些特征进行分析、统计，挖掘潜在价值信息，从而抽象描绘出客户的信息全貌。简单来说，就是用一些标签来形容不同群体的客户，描述客户需求，以方便商家对客户进行分类、统计，从而便于针对不同客群采用不同的推广、销售模式，给商品挖掘对应的卖点等。

客户画像可以有助于商家寻找客户痛点。客户痛点就是客户在商品购买、使用、服务等过程中遇到的问题或挑战。这些问题可能影响客户的购买体验，让他们感到不便或不满。例如，客户网购水果时，水果常遭到暴力运输，运送到客户手上时，水果大多伤痕累累，那么用户可能会感到很烦恼，这就是一个痛点。客户痛点是描绘客户画像得到的结论之一，通过描绘客户的画像，企业可以更加深入地了解客户的需求和痛点，而客户的需求和痛点对企业来说非常重要。同样拿运输问题来说，企业可以通过加强包装、改善运输条件、改良品种等方式，解决水果到手外伤过多的问题，从而极大地提升客户的购买体验，大大提高商品竞争力。因此客户痛点也是企业改进产品或服务的重要依据。

在描绘客户画像时需要注意：客户画像需要客观真实，客户画像的描绘必须基于现实数据和信息，才能确保最终形成的客户画像是真实且对企业有意义的工具，要避免通过想象形成画像，具有主观性和虚构的客户画像对企业营销商品没有任何帮助，甚至有可能存在误导。同时还需要避免通过典型客户形成客户画像，客户画像的描绘需要大量的客户数据作为样本，某单一客户案例对于市场不具有指导性，比如，某忠实客户每个月都从我们的店铺购买一箱橘子，我们可以通过了解这个客户的痛点和需求形成一个个性化的销售服务方案，如"会员制"，但这不意味本店铺为其他客群提供"会员制"，他们就会每月购买一箱橘子。客户画像需要全面细致地描述客户群体的特征和行为，从而保证客观准确。客户画像需要标签独立，尽量避免标签描述互相包含、粘连等情况。描绘客户画像时，标签需要贴合企业经营内容或商品，使客群能与商品某特性匹配。例如"女性—家庭主妇—喜欢购买名牌化妆品"和"女性—家庭主妇—消费能力强—品牌铁粉"，明显后者画像对于我们农产品电商更具有参考价值。

客户画像对于商家来说意义巨大，商家可以通过客户画像挖掘和发现不同客群的市场价值，通过构建客群基础信息体系和特征识别将客群细分成不同客群，从而分析各个客群的痛点和需求。然后可以通过各个客群的痛点和需求，或者针对某个特定群体来进行运营优化，比如，商品个性化推荐页面（电商平台对不同客群展示不同商店界面）、精准营销（各类促销活动）、店铺功能优化、精准推广提升客户增量等方面。其实就是商家可以通过各类方法统计各类人群的喜好，然后投其所好地推出相应的产品和服务。

2. 客户画像的组成

（1）企业客户

企业客户画像包括企业、组织或团体的基本情况、经营情况、消费决策等。对于客户群体包含企业的商家，选择什么样的企业作为目标客户是至关重要的，尤其是对于资源有限的创业公司、店铺来说，准确地选择客户可以为销售推广部门提供依据，以更快触达客户并且促进购买。

➢基本信息

基本信息包括企业、组织或团体的注册资本、员工人数、营业收入、业务类型、地理范围等。获取这些信息后，商家便能快速筛选、分类企业客户，比如根据企业注册资本分为 10 万~100 万元、100 万~500 万元、500 万元以上三类，如果目标客户群体定位为注册资本为 10 万~100 万元的企业，那么商家就可以在这一类企业中快速寻找目标客户群体。员工人数、营业收入等均同理。

➢消费或采购行为特征

包括企业、组织或团体的消费或采购行为发生的位置、场景，消费或采购行为是偶发性或者是具有一定规律的。比如，某商家要销售企业定制礼盒装猕猴桃，是该上架到淘宝、拼多多还是在抖音上直播销售？这需要根据企业客户的消费习惯来决定。如果某一客户群体对定制礼盒的需求是周期性的，每年年底企业要回馈用户，因此需要大量订购礼盒，那么商家也可以考虑针对这一群体适时推出定制礼盒或者限定礼盒等产品。

➤企业客户来源

企业、组织或团体客户的来源渠道，包括其他企业推荐、购买电商平台推荐服务等。商家可以根据目标客户群体的来源渠道，调整店铺营销推广模式。比如，某一野生菌礼盒的客户主要来源是企业之间口口相传，或者通过收到的礼盒反过来找商家购买，那么商家就可以根据客户群体的习惯，创建微信群聊或者使用微信号添加客户，并且将二维码印在礼盒上，通过客户之间互相推荐、礼盒二维码等途径实现用户裂变。

（2）个人客户

个人客户画像包括客户的年龄、性别、地理位置等基本特征。可以理解为客户的固定属性，这些信息便于对客户群体进行细分，方便上架"贴标签"。比如，针对男性客户和女性客户，我们可以给其打上不同标签，根据标签，给商品打上不同的卖点，从而投其所好，促进销售。

➤消费行为特征

消费行为特征包括客户的购买频率、消费金额、购买偏好等，这些信息可以综合评估某一客群的购买习惯和购买能力。对于客户画像的描绘来说，消费行为特征就是一种"标签"。举例来说，某高端礼盒装草莓，主要针对具有一定经济能力，愿意高价买高品质商品的中年客户群体进行销售，那么"具有一定经济能力，愿意高价买高品质商品"就是消费行为特征的"标签"，企业根据客户画像的描绘目的不同，也可以对其标签进行调整。

➤兴趣爱好特征

兴趣爱好特征描述了客户的兴趣、爱好，以及对特定主题的关注程度。兴趣爱好特征是客户消费的重要导向因素之一，因此统计各类客群的兴趣爱好特征，可以让企业更好地定位目标市场，抓住特定客群的兴趣点，抓住兴趣点可以让商品的宣传事半功倍，无差别的推广销售需要向客户介绍商品卖点、性价比等各类信息，而对于本就符合客户兴趣的商品，只需要让他们知道有这类商品，客户就会主动去了解并寻找匹配自己需求的商品。

➤行为路径特征

行为路径特征这类"标签"的概念较宽泛，可以分为浏览路径、社交偏好、购买行为、互动内容、服务交互等方面。浏览路径指客户浏览商品的渠道，如主动点击电商软件、广告吸引点击浏览等；社交偏好指客户在社交媒体上的使用方式或兴趣爱好，如喜欢分享新奇美食、喜欢追星等；购买行为指客户购买商品的习惯，如先加入购物车后购买、在通勤时间购买、晚上购买等；互动内容指客户线上分享或讨论的内容，如评论、分享等；服务交互则指客户对产品或服务的故障报修或申诉的记录，表示了他们对服务的期望和要求。

3. 客户画像的描绘方法

首先，我们要收集数据，包括上文提及的人口统计学特征、消费行为特征、兴趣爱好特征和行为路径特征等。数据又分为两种类型：一手数据和二手数据。一手数据可以通过市场调研、销售数据、各类社交媒体统计、用户反馈、合作伙伴等方式获得。二手数据可以通过电商平台、国家统计局（https://www.stats.gov.cn）或其他第三方机构直接获得，甚至得到分析结论，如淘宝生意参谋、京东商智等，各大电商平台几乎都有自己的数据分析工具，有些工具可以直接分析出客户画像，具体还需要参考各平台工具的使用方法。

其次，我们要对这些数据进行整理和分析并标签化。这一步对描绘客户画像来说非常重要。通常我们进行标签化的流程是：客户分层标签—客户分群标签—个性化标签。不同类型企业可以使用不同的分层、分群模型，我们简化后可以理解为分层（根据客户的不同特征和属性进行划分）—分群（根据客户的行为和兴趣进行划分）—给客群打上个性化标签，以上括号内的内容就是不同企业可以调整的"模型"。

最后我们得到的客户画像，就像是为每个客户贴上了标签，比如"女—职场打工人—'薅羊毛'达人""男—学生—价格敏感者""女—家庭主妇—品牌铁粉"等。这些标签可以帮助我们快速识别不同的客户群体，并制定相应的营销策略。

客户画像不是永远不变的，因此我们后续需要不断地更新和优化客户画像，使其更符合市场变化以及企业运营需求，确保手上的客户画像对于企业有真实有效的引导作用。

4. 客户画像运用

客户画像是企业市场营销推广的工具之一，当描绘好契合企业的客户画像后，如何使用决定了客户画像可以发挥多大的价值。我们可以从三个角度来理解客户画像的使用方法。

（1）产品设计决策的参考

针对某一客群设计产品时，可以从商品卖点、商品属性、商品详情页交互和视觉效果、包装风格、商品售后和服务等内容入手，去迎合该客群的需求，解决其痛点。例如，针对具有"追求性价比"这一标签的客户，我们就可以设计一个"量大质优"的产品，以"便宜大碗""加量还降价"为卖点，策划各类优惠或赠送活动，通过商品详情页提供商品和参照物对比显得本产品量大等方法，最终实现让本客群认为该商品性价比高，从而产生购买意愿的效果。百草味、三只松鼠等品牌的零食大礼包就是根据客户画像推出的产品，该类客户吃零食的需求就是少量、多样、性价比高，因此这些零食品牌纷纷推出大礼包形式的产品。

（2）产品优化设计

已开始销售的产品，可以通过客户画像中的购买行为总结出客户痛点等，进行再次优化和调整，使其更符合客户需求，增加该产品销售额。例如，一款奶粉礼盒，如果发现客户群体更多是年轻人，产品包装就要设计得更时尚，配色可能会更鲜艳跳跃；如果客户群体更多是老年人，产品的包装就要设计得偏保守，可能会以红色、深蓝色等色彩为主，并且其功效宣传需要贴近养生。

（3）产品营销决策的参考

同一产品针对不同客群的营销决策。比如，针对喜欢追求网络热点的客群，可以策划社交平台的软广，把本产品打造成网红产品；针对"喜欢加入先购物车后购买"的客群，可以策划"加购抽免单"活动等。这样针对客户画像的产品营销是实打实可以提高销售转化率的营销方法。

（4）品牌定位、市场定位的参考

品牌定位和市场定位，即品牌和市场的目标对象定位到客户画像中的某一客群上。品牌定位实际上和市场定位紧密结合有一个很经典的案例——海澜之家的口号为"海澜之家 男人的衣柜"，海澜之家通过客户画像把品牌和市场定位为专做男装，从而打出品牌的名气。再比如士力架，其目标客群就是高强度运动后急需补充能量的人群，不断强调"饿了就吃士力架"的口号，士力架新品同样也围绕这一目标客群做营销推广，通过目标客户群体形成了其品牌的定位。

● 价格定位

商品的价格定位可以直接反映产品的品质，是市场营销中的重要环节，指的是考虑产品的自身卖点和特点、目标客户群体特征、竞争对手定价、成本和利润等多种因素，对产品进行定价的行为。

消费者在网络上看到一款商品，最先映入眼帘的就是价格，然后才是展示图和详情页，因此商品价格给消费者留下的第一印象就非常重要。低价大多数情况比高价更吸引消费者点击，更容易让消费者发生购买行为。比如，商家 A 和商家 B 同时销售西瓜，商家 A 的单价只比商家 B 便宜一分钱，但是在电商平台价格排序中商家 A 就要比商家 B 靠前，理论上商家 A 能获得更多的曝光、更多的流量，甚至更多的销量。但真实情况是，价格低的销量不一定高，销量高的利润不一定高。如果客户需要在电商平台上选择果篮当作礼品，那一定不会选择使用价格排序并选择最便宜的一个。相反，如果某群体消费者消费能力一般，买水果的诉求就是"甜、能吃、能补充维生素"，那么其能选箱装的就不会选果篮，能选便宜的就不会选贵的。

因此产品最终收益，不仅取决于价格，还有其他因素的综合作用，把所有因素考虑进去，最终才能形成价格定位。

1. 价格定位方法

价格定位的方法十分多样，可以以不同角度、不同因素为主进行考虑，本书选取几种适用于农产品电商的方法进行解读。

（1）撇脂定价法

撇脂即通过撇掉牛奶表面的脂肪，只取其价值高的部分。套用到价格定位中，就是商品刚上架时定高价，市场中有消费能力、相信品牌的消费者会因为追求新颖、追求品牌而购买，从而给企业带来快速利润回报。但撇脂定价法在商品销售中后期会使商品销量快速下跌，如果商家还想继续销售该商品，可能需要根据市场反应及时降价。采取这种定价策略的产品必须具备一些条件，如产品功能独特、质量上乘，即使价格昂贵，目标市场的消费者仍有足够的需求，或者市场上没有可替代产品。

比如，苹果手机就是采用该方法定价。苹果公司几乎每年都会推出新型号手机，并且举办新品发布会，其新型号的手机价格相比同期其他品牌来说真是"高出天际"，但是发售时仍会有很多"果粉"愿意排队购买。2023 年推出的 iPhone 15 最低配版的售价都需要 5 999 元，最高配版 iPhone 15 Pro Max（1T）的售价则高达 13 999 元。而当新型号的苹果手机上市后，旧型号苹果手机则会降价或停售。苹果公司就是这样依靠不断地推出新品，利用撇脂定价法实现快速收回成本并盈利。

（2）渗透定价法

商品上架初期通过低价渗透市场，等到占领一定的市场份额，或者养成目标客户群体的消费习惯后，再逐渐提高定价，从而带来利润。渗透定价法一般对市场生命周期长的商品使用，其优点是商品中后期仍能保持可观的销售量和利润率。该类目标客户群体一般为对价格敏感、偏好高性价比的客户群体。

比如，共享充电宝、星巴克、瑞幸咖啡都是使用了渗透定价法。2017 年，共享经济概念风靡全球，在资本的推动下，共享充电宝迅速遍布各大城市。为了吸引用户，当时的共享充电宝服务还提供了前 30 分钟甚至 1 小时的免费充电时间，超出规定时间后则按每小时 1 元的优惠价格计费。但在抢占市场、养成客户使用共享充电宝的消费习惯后，共享充电宝悄然涨价，如今共享充电宝价格已经普遍提高至每小时 3 ~ 5 元。

（3）需求导向定价法

需求导向定价法一般是在给产品进行重新定价或者特别定价的时候使用的，需要以该产品历史价格为基础，根据市场需求等因素，在一定幅度内调整价格，同一个产品可能因为顾客购买能力不同、对产品需求程度不同、销售场景不同而不同。该方法需要以市场调研数据作为支撑，或者需要长期的市场实践才能确定。

比如，滴滴打车的打车价格就是需求导向的动态定价，某一区域突然下雨，打车人数快速增多，该区域打车价格就会相应上浮，从而吸引更多滴滴司机接单。甚至打车平台会自动根据每一个打车用户的个人消费能力、消费习惯而改变定价。比如，两个人打同一路程的车，平台给新用户的价格就要比老用户的更低，或者某人日常消费能力更低，平台也可能会给其提供更低的价格。

（4）成本加价定价法

该方法只考虑企业本身的成本和利润，即产品的固定成本加上企业运营均摊到预期产量上的浮动成本再加上预期利润，则可得出价格定位。这种方法通常欠缺对其他因素的考虑，因此可以作为其他定价方法的补充参考。

成本加价定价法计算公式：

单位产品价格＝单位产品成本÷（1－预期利润率）

2. 价格定位的影响因素

（1）竞争对手定价策略

开始定价前一定需要先参考同类竞争对手的定价情况，避免盲目定价，通过调研形成同类产品的定价、销量统计数据，要注意的是统计需要全面、真实，头部商家和新店都要统计，确保数据具有参考价值，然后在进行自己产品定价时就能大概了解什么样的价格可以占领市场份额，大概可以达到多少销量。

比如，A 店想要销售藕粉，又在网上搜到某品牌的藕粉商品单价均超过 100 元，另一品牌佳藕天成的藕粉商品单价为 20～70 元，而 A 店的目标客户群体与佳藕天成的目标客户群体重合度很高，就可以模仿佳藕天成的定价。比如，A 店可以将引流款或基础款定价 19.8 元，高端款定价 56.8 元，在成本允许的情况下，甚至可以比同类商品更低一些，从而快速占有市场。

（2）目标客户群体

定价需要考虑自身产品的目标客户群体情况，主要考虑目标客群的消费能力、价格敏感度，因为价格和市场需要匹配，才能吸引到更多消费者。

同样是 A 店想要销售藕粉，假如其目标客户群体是常给父母送礼的上班族，其消费能力强、价格敏感度低。那么其藕粉产品就可以加上故事、品质等更多的附加值，将包装做得更为精美，定价可以为一个礼盒 99.8 元。相反，如果目标客户群体是常买滋补食品的老年人，其消费能力弱、价格敏感度高。那么藕粉产品就可以舍弃一定的附加值，只强调其营养品质，并且包装简洁质朴，定价只定每盒 19.8 元。

（3）成本和利润

在定价时需要充分考虑成本和利润，某产品成本高、利润低，即使以低价定位占领了巨大的市场份额，也有可能抹不平运营成本。因此，符合店铺利润需求，是价格定位的前提，只有建立在能赚钱的基础上，才有可能通过价格定位实现企业和消费者双赢。

比如，A 店的藕粉成本价为每盒 10 元，假如每盒售价 19.8 元，但算上成本，即使能抢占市场，该店铺也会处于亏本的状态。这种情况下完全可以提高产品附加值，如附带赠品等，将定价提高到每盒 28.8 元，而抢占市场则通过使用引流款每盒定价 19.8 元甚至 9.8 元来实现。

（4）品牌形象

价格定位并非在成本和利润考量后越低越好或越高越好，价格定位还需要与品牌形象、品牌目标客户群体相符合，大众品牌就要定大众价格，高端品牌就要定高端价格。假如品牌目标客群是"追求高品质生活"的群体，品牌形象是高端大气、品质过硬的，营销活动也是针对这类客群，但是产品定价却是白菜价，很容易让目标客群产生"虚假宣传""贴牌"的不良印象，或者吸引到品牌目标客群之外的人群，该品牌会因为营销内容不符合目标群体，故而无法转化成销量，甚至会让品牌形象发生动摇。

3. 店铺商品分类定价

当我们开始运营一家农产品电商店铺之后，价格定位一定是因商品而异的，店铺的每个商品对店铺的意义是不同的，有的商品是为了吸引流量，而有的是为了赚钱等。根据商品的目的不同，其价格定位也需要动态调整。

店铺的商品可以分为以下几类。

（1）常规款

常规款是店铺中是比较普通、无特殊定位的商品，通常这类商品在店铺具有一定流量的时候可以带来稳定的销售额。常规款商品价格定位一般优先考虑成本和利润因素，通常采用中价定位或少量高价定位的方式提高利润率。

比如，A店主营水果，常年销售稳定、价格稳定的红富士苹果、耙耙柑、圣女果等常见产品，即能给店铺带来稳定收益的商品就是A店的常规款。

（2）引流款

引流款商品的目的就是在电商平台吸引店铺流量，从而带动店铺整体销量。那么引流款因其目的，需要具有大众接受度高、流量大、性价比高等特点，因此通常采取低价定位。引流款商品可以通过和其他商品组合营销、捆绑套餐、关联商品推荐等方法引流至常规款、品牌款。

比如，A店希望为店铺吸引一批新的粉丝群体，而正值芒果季，能够以较低价批发一批小台芒进行销售，于是上架新产品2斤小台芒定价9.9元，关注店铺即可领取专属优惠券。2斤小台芒9.9元实际上不赚钱也不亏钱，但是能够吸引大批粉丝关注，这类产品就叫引流款。

（3）活动款

活动款的目的就是营销活动或电商大促时作为打折商品使用，其和引流款类似，引流款是通过低定价吸引流量，而活动款是通过打折吸引流量。因此活动款初始价格定位可以较高，可采用高价或中价定位，以在活动时，通过各种折扣和满减叠加达到大幅度降价的效果。活动款折扣价格只要不亏本即可，也是起引流作用。

（4）品牌旗舰款

品牌旗舰商品的目标是在品牌目标客群心中打造品牌形象，展现品牌价值。品牌旗舰商品的价格定位可以根据品牌定位来调整。通常品牌目标客群为高消费能力人群的，可以选择高价定位，且这类商品通常不在营销活动中参加大力度的折扣。

假设A店目标客户群体是年轻人，就可以把一些比较少见、少吃、新奇的水果打造成"A"品牌的旗舰款商品。比如，"A"品牌山竹"精选每一个果，果肉粒粒饱满"；"A"品牌牛油果"纵享醇香，颗颗精品"。这些商品就是品牌的旗舰款。

（5）爆款

爆款对于电商店铺非常重要，其价格也需要根据爆款打造逻辑进行定位。需要打造成爆款的商品在上架初期可通过低价打开市场，提高销量和在电商平台的搜索权重；中期爆款成熟后，可以提高售价，增加利润；末期爆款销量衰退，但其高销量记录、优质评论等仍保留在商品链接中，因此爆款衰退后可以适当降低售价，变成引流款、活动款或常规款商品。

比如，A店想要提高销量，它发现每年春节前后车厘子的热度很高，竞争对手的车厘子卖得都很好，于是今年A店也推出了自己的车厘子产品，将商品展示图、详情页做到最好，在店铺举办"年货节"，主推车厘子，同时在小红书、微博等社交平台投放了本店车厘子的软广①。最终 A 店的车厘子产品被各平台引流的客户买爆了，店铺仅靠车厘子一个链接就吸粉数万人，销售额破百万元，此时车厘子就是一个爆款。

● 农产品包装

农产品包装对农产品销售有重要作用。"人靠衣装马靠鞍"，包装就是产品的衣装，不仅起到保护产品、方便运输的作用，还有利于打造品牌、提高档次、提高附加值。这些内容是很难直接通过语言传达的，包装却可以无声地向消费者传递产品、品牌的故事，把消费者和品牌联系起来。

1. 外包装

外包装即产品最外层起到运输、保护作用的包装，主要作用是增加商品在运输中的安全性，且又便于装卸与计数。一般农产品的外包装材料包括木、纸、塑料、纤维织物、复合材料等，形状可以制作成箱、罐、坛、袋、篓、筐等。一般在设计外包装时，需要标明产品的型号、

---

① 软广，即软广告，是一种相对于硬广告的广告形式。硬广告一般会直接、明显地推销产品，而软广告则更加巧妙和隐蔽，从而使消费者不知不觉地接受广告内容。

规格、尺寸、颜色、数量、出厂日期等，再加上一些搬运符号，诸如小心轻放、防潮、堆压极限等。农产品外包装设计时应该考虑以下两个功能：

一是保护性。农产品外包装一般只考虑运输的保护性，运输对包装的要求是稳定和安全。包装设计时应该考虑到物品运输的堆叠、搬运中的稳定性。需要考虑到的要素有包装的支撑力，单个包装的尺寸和重量设置等。在运输鸡蛋、车厘子、草莓等价值较高、易破易碎的农产品时，外包装在抗震、内部填充等方面一定需要重点关注并且反复测试。

二是外观与辨识度。如果产品没有中包装，还需要考虑美观并且增加一定的品牌辨识度（同中包装）。尤其是很多水果店铺，其采用纸箱作为外包装进行运输产品，会给消费者一种非常"简陋"的印象，但是由于产品是柑橘、苹果等薄利多销的产品，没有办法再去进行中包装设计，此时在外包装上增添一定的品牌 logo、吉祥物，或者整个箱子采用品牌主题色彩，就会美观很多并且更有利于打造品牌形象。

2. 中包装

中包装主要是为了加强对商品本身的保护，起到保护、美观、组装或套装的作用。组装和套装指的是把 12 个苹果装成一盒，或者把 8 个猕猴桃装成一盒的形式。农产品的中包装一般是指礼盒，非礼盒装的农产品一般不会区分外包装和中包装。农产品中包装设计时应有的功能应该有以下四点。

保护性：中包装需要具有较强的保护性，比如防碰撞、防水、防磨损等，并且内部空间不宜过大，避免运输时农产品在包装内乱碰乱滚。尤其是车厘子、草莓这类高价值且常用于送礼的产品，最好选用质量更好的材料，确保客户收到产品时产品仍是新鲜、完整的。

便利性：礼盒装还需要考虑便利性，方便客户拿取。比如，旺旺大礼包。包装外观无论如何演变，都是采用的手提式礼包，在送礼的时候客户即拎即放，十分方便。

外观和辨识度：我们做包装还有一个重要原因，就是通过漂亮的、具有设计感的包装吸引消费者，提高市场竞争力，同时给老客户留下深刻印象，塑造一个有标准、有品位、有档次的品牌形象。品牌要想让消费者一眼就通过包装记住产品，就需要包装具有独特性并对其进行创新。首先，品牌标识必须出现在包装上，因为我们的最终目的是为了让消费者记住品牌，所以要尽量把品牌标识设计得简洁有创意，易于记忆，某些大品牌的产品包装上甚至只保留并突出品牌独特的标识，如香奈儿等奢侈品。然后，可以利用与消费者的交互形成记忆点，如通过引人注目的颜色和图案提供视觉刺激；使用独特的材料纹理和质感提供视觉、触觉刺激；放置香囊等提供嗅觉刺激；通过创意创新元素提供记忆点，比如喜之郎果冻的书包包装。最后，包装的外观设计还需要注意符合品牌形象，同时不能主观判断包装设计的好坏，能否达到包装的设计目的需要看市场的实际反馈。一个典型的案例是 YS 牌椰汁的包装，其外观在普遍审美水平下并不好看，但是却缔造了 YS 牌这一饮料界的商业传奇。

提高附加值：包装除了本身的属性之外，还可以捆绑一定的营销内容。例如，定制签名、署名、留言包装，高端礼盒装，赠品包装等，都可以通过包装进行市场营销，提高产品附加值。

3. 内包装

内包装指直接接触农产品的包装，在农产品销售时内包装一般指水果的网兜，加工农产品的最小分装袋等。农产品内包装设计时应该考虑以下两点。

保护性：内包装也需要具有一定的保护性，一般要起到防水、防潮、遮光、保质、防变形等作用，防止农产品在运输过程中遭受损坏。考虑到成本问题，包装材料选择应该匹配农产品需要保护的程度。如草莓、提子这类价格高又易损坏的农产品，可以选择每个果套一个网套等。而红薯、南瓜、苹果这类易运输的农产品，如果不是走精品路线，可以选择纸箱加分隔板的包装方式。某些精深加工食品，可能需要特殊的包装方式，如真空包装。

外观：内包装对于外观的要求一般不会太高，但是因为农产品大部分需要入口，所以内包装一定不能显脏。如果是网兜，最好选用单一洁净的颜色，如果是塑料袋装则可以选择全透明包装。

● 电商团队架构设计

农产品电商团队组建对于实现农产品电商化转型、提升品牌价值、优化供应链管理、提升客户服务体验以及创新商业模式和营销策略等方面都具有重要的意义和作用。

很多店主刚开始开店可能不需要那么多人手，更谈不上"团队"，更多的是一两个人经营一家农产品店铺。但是随着店铺发展，市场会对店铺运营提出更高的要求，想要实现更大的销量和流量，就需要组建团队做大做强。因此作为创业者，将来会是一整个电商团队的管理者，提前了解团队架构设计要求和原理，也能加强管理的科学性和合理性，甚至可以通过团队架构设计需要的方面，梳理好整个店铺的各项工作，对于初期店铺的运营也有一定帮助。

1. 明确自己的电商模式

（1）纯电商模式

纯电商模式相当于把电商平台当成了一个市场，把店铺当作摊位，而团队就是经营者。通过互联网平台的便利性和低成本展示特性，吸引到巨大的客户群体，相比传统销售省掉了很多中间环节。纯电商模式的商品可以由自己生产，也可以采购自供应商，然后上架店铺，销售给消费者。纯电商模式对于刚刚起步只销售自家生产的商品，或者采购需求不大的店铺比较适用，基本上只用打造好一个店铺，所以只需要搭建一个店铺运营团队即可。

（2）供应链电商模式

供应链电商模式在纯电商模式基础上，还需要再搭建稳定的渠道结合传统供应链。对于农产品来说，可能需要与产地企业长期合作，需要形成成熟的采购流程，稳定的冷链运输，才能称为供应链。这种模式除了基本的店铺运营外，对产品采购的要求也较高。

（3）线下门店结合（供应链）电商模式

线下门店结合（供应链）电商模式在纯电商模式或供应链电商模式的基础上，结合了线下门店推广销售或把线下门店当作物流终端。比如，某大米品牌旗舰店，消费者在旗舰店可以品尝煮好的米饭，购买礼盒装大米等；或者像美团、叮咚这类平台，有专门的线下代理门店作为代收点。

（4）其他电商模式

对于利用电商进行创新的模式，需要明确创新目标：是追求产品的差异化，还是寻求服务流程的优化，或是探索全新的市场机会。这些问题的答案将决定团队的核心能力和专长需求。然后基于需求，在必要的团队架构基础上，增加具有特定技能和知识的团队成员。

2. 团队构成和职责

一般来说，一个团队的构成如图 2-4 所示。

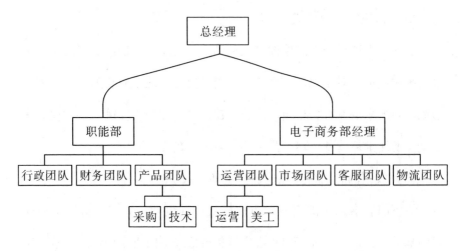

图 2-4　团队构成

（1）运营团队

运营团队负责电商平台日常运营，包括分析销售数据并制定和执行销售策略，提高平台销售额和用户活跃度；通过数据分析用户行为，优化运营策略；管理库存、店铺美工、订单处理等。运营团队还能分细为运营、美工等岗位。

（2）市场团队

市场团队负责品牌传播和市场营销，市场调研和竞争分析，制定市场策略和推广计划，策划和执行营销活动；管理社交媒体账号；监测市场趋势等。市场团队的目标就是为店铺引流，开店初期应注重考虑成本，品牌传播和市场营销应该选择最精准高效的方式进行。

（3）客服团队

客服团队负责售前售中售后服务、订单处理；跟踪用户反馈，处理投诉和纠纷，提高用户满意度；收集用户意见，为产品和运营团队提供改进建议等。开店初期客服可以由店主或运营兼任，对于大店、品牌店来说，客服十分重要，一个专业的客服团队可以建立品牌企业口碑、增加销售额、减少售后退货退款的情况，因此还需要有客服培训、考核等。一个客服一天能接待 300～500 名客户，不过需要根据商品实际情况来判断，如果客服处理的问题以客户咨询为主，单个客户接待耗时较短，则客服每人每天可接待客户数量就比较多；但如果销售的商品易损耗，售后服务较多且处理时间长，客服的可接待数量就会减少。

（4）物流团队

物流团队负责电商平台的物流配送，包括订单处理、商品包装、供应链协同、仓储管理等。一名熟练工一天约能包装发货 300～400 件商品，而开店初期销售额较少、出货量小，物流团队不需要太多人，店主可以选择自己发货。

（5）产品团队

产品团队负责农产品的策划、选品和质量控制；分析市场需求，开发符合用户需求的农产品；与农户、生产商等合作，确保产品供应稳定和质量可靠；定期更新和优化产品，提高用户购物体验等。大部分农产品电商其实不涉及产品开发，尤其是初级农产品电商。但是产品供应、包装设计和优化却是每一个商家都应该注意的。后期产品团队还可以分为产品采购和产品技术团队。

（6）财务团队

财务团队负责公司的财务管理和资金运作；制定财务计划和预算，监控公司财务状况；处理财务报表和税务事务，确保公司财务合规；提供财务分析和建议，支持公司战略决策。

（7）行政团队

行政团队一般负责公司日常行政管理、部门协调、会议组织筹备、公司文件档案收发存档、执行公司企业管理制度等工作。对于人数很少的企业或商家，由于行政事务较少，可以暂时不需要行政团队，或者由其他人兼职代办行政事务。

3. 店铺不同阶段的团队搭建

本小节将详细解析农产品电商店铺在发展过程中，如何根据业务需求与规模变化，合理调整与构建适应各阶段的团队架构，为经营者们提供农产品电商店铺在不同发展阶段所需的核心团队构成、角色分工及其演变过程等信息，从而根据自身实际情况，科学构建与调整团队架构，助力店铺稳健成长。

（1）店铺初期——精简高效团队

店铺在初期往往会呈现出一些共有的特点。经营者可能提前做过很多电商方面的功课，但是仍然十分缺少实践经验。并且经营者对于电商领域的游戏规则、各大平台的具体政策、消费者购买行为的心理动因以及行业竞争格局的认识还不够深刻。这个阶段，店铺仍然处于商业模式的孕育期，对于农产品品类的选择、营销战术的运用、目标消费群体的锁定以及盈利逻辑的构建，均需要不断探索。与此同时，初创店铺在资源方面会有较大的压力。大多数经营者在开店时的启动资金有限，既要满足基础运营的成本支出，又要兼顾库存备货、团队搭建以及市场营销等各种方面的需求。但是初期店铺也因为规模较小、决策链短，而往往具备较强的灵活性，可以应对快速的市场变化和消费者需求，也更可能抓住稍纵即逝的商机。

根据这些特点，我们在店铺初期团队搭建时，重点在于搭建一个精简、高效、具有较强学习能力和适应性的核心团队，从而快速验证商业模式，积累运营经验，抢占市场份额。

根据店铺初期的特点，我们可以设计出一个如下的核心团队。

①经营者/总经理/店长：店铺初期是由经营者直接领导的，需具备全局视野，负责战略规划、重要决策、团队管理以及对外合作等关键事务。甚至需要一人身兼数职，具备多技能、跨界工作的能力，在人才紧缺时参与产品采购、店铺运营、客户服务、财务管理和部分技术支持等。

②产品/采购专员：负责农产品选品、供应商对接、品质把控及库存管理。由于未设置专职的物流人员，产品/采购专员需要负责订单发货。如果是供应商代发，他们在与农产品供应商合作时，不仅负责采购

农产品，还需要协商发货方式、包装要求、物流时效等细节，以确保商品按时发出，并跟踪物流信息，直至客户确认收货。

③运营/客服专员：负责电商平台入驻、店铺装修、商品上架、日常运营管理及数据分析，以及处理售前咨询、订单跟踪、售后问题解决及客户关系维护。

④兼职或外包人员（如需）：这类人员是非必需的，可以由团队人员协作完成相关工作，如农产品拍摄、界面设计、商品文案编辑等。

（2）店铺中期——专业化分工团队

农产品电商店铺的中期阶段，已成功跨越初期的摸索与试错，业务模式经过市场检验，展现出稳健的成长势头。伴随而来的是更为激烈的市场竞争压力。大多数中期店铺追求的是在众多竞品中独树一帜，塑造深入人心的品牌形象，而非单纯依靠价格优势争夺市场份额，形成差异化竞争。店铺中期为满足市场多元化、个性化需求，开始拓展产品线深度，追求品类多样且特色鲜明，然而产品线的丰富化亦伴随着供应链管理复杂度的提升，需要确保货源稳定、品质优良、物流高效，同时还要有效控制成本，这对店铺的供应链管理水平提出了更高要求。为了应对这些困难与挑战，中期店铺需要构建更为科学、高效的组织管理体系，确保团队协作顺畅，人才潜能充分发挥，企业文化深入人心，从而为店铺持续发展注入强大动力。

总之，中期农产品电商店铺需直面市场竞争加剧、品牌差异化需求、供应链复杂化管理、团队规模扩大与技术升级等多维度挑战。因此团队架构也要根据挑战的变化而进行如下的一些架构升级。

①运营/客服团队：负责电商平台运营，持续优化店铺装修、商品详情页、搜索排名等，提升店铺流量与转化率；数据分析，建立数据监测体系，分析销售、流量、用户行为等数据，为决策提供依据；会员管理，设计会员权益、积分体系、用户画像等，提升会员活跃度与复购率；客户服务，提供专业、高效的售前咨询、订单跟踪、售后处理等服务，维护店铺口碑。

②市场团队：负责品牌推广，制定并执行品牌传播策略，包括社交媒体营销、内容营销、公关活动等，提升品牌知名度与美誉度；活动策划，设计各类线上线下促销活动、主题营销活动，刺激销量增长，增强客户粘性；渠道拓展，探索新的销售渠道，如直播带货、社群营销等，拓宽客源，提升市场份额；合作伙伴关系管理，维护与供应商、平台方、广告商等合作伙伴的良好关系，寻求深度合作机会。

③物流团队：负责仓储物流，管理自营或合作仓库，优化库存布局，提升拣货、打包、发货效率，降低物流成本；退货与售后，建立标准化的退货流程，妥善处理退换货、破损赔偿等售后问题，提升客户满意度。

④产品团队（视业务需要）：若涉及产品采购，需要负责供应商管理，优化供应商结构，深化与优质供应商的战略合作，确保产品供应的稳定与质量；采购管理，制定采购策略，监控市场价格变动，控制采购成本，确保库存合理。若涉及自身产品研发，则需要负责根据市场趋势与用户需求，开发自有品牌或独家代理的农产品，提升产品差异化优

势；加强产品管理，比如，细化管理产品生命周期、定期评估产品表现、调整产品组合、优化 SKU 结构。

⑤财务/行政团队：负责制度建设与流程优化，完善内部规章制度，对现有工作流程进行梳理与优化，提升整体工作效率；加强人力资源管理，有效组织招聘活动，制定并实施员工培训计划，负责员工绩效考核、薪资福利管理、员工关系处理等工作；负责公司财务管理；负责行政后勤保障，办公设施设备的采购、维护与管理，组织各类行政事务；负责企业文化建设，承担企业文化的宣传贯彻与落地工作，维护企业形象，参与对外公关活动，提升企业知名度与品牌形象。

⑥技术人员（视业务需要）：对于中期店铺来说，技术人员主要提供的技术支持在于系统集成，比如，对接企业资源计划（ERP）、客户关系管理系统（CRM）、仓库管理系统（WMS）等，实现团队管理、业务流程系统化，提升运营效率。

（3）店铺后期——规模化与多元化团队

步入后期的农产品电商店铺可以说是已在业界崭露头角。为巩固竞争优势，后期店铺除主营农产品外，可能还需要涉足产业链上下游，如农业种植、加工、物流、金融服务等领域，实现多元化业务布局，因此后期店铺也需要不断创新产品、服务、营销模式等，以适应消费者需求变化，避免因创新滞后而遭淘汰。后期店铺基本已经构建起一套成熟的供应链体系，尽管如此，庞大的供应链网络亦伴随着潜在的风险，如供应链中断、产品质量隐患以及物流延迟等，因此后期店铺还须建立健全风险预警与应对机制，以有效防控供应链风险。后期店铺在人才队伍建设上面临更高的要求，不仅要精准招募各类专业人才，还需精心设计培训体系、激励机制等，打造科学的人力资源管理体系，才能确保人才资源的有效配置与价值发挥。此外，农产品电商行业易受政策法规的影响，店铺必须关注政策导向，灵活调整经营策略。

综上所述，后期农产品电商店铺还需要应对创新压力、供应链风险、人才管理、政策法规变化等多重挑战。由于店铺基本的团队在中期已经趋近成熟，只需要高效管理和规模化。因此团队优化是在已有团队基础上根据店铺拓展的领域和多元化布局按需增加团队，下面列举部分可能需要增加的团队。

①战略规划团队：根据市场趋势、行业动态、竞争态势等进行深入分析，制定店铺的长期发展战略，包括市场定位、业务拓展、品牌建设、技术创新等方面。同时，制定阶段性战略目标与行动计划，确保战略的有效落地与执行。探索并实践新的商业模式，如线上线下融合、社交电商、会员制服务、订阅制销售等，以适应市场变化，提升竞争力。

②法务团队：负责对店铺的各项业务活动、合作协议、营销方案等进行合规性审查，确保符合国家法律法规、行业规定及电商平台规则。起草、审核、签订各类合同，如采购合同、服务合同、加盟合同等，确保合同条款合法、公平、有效。协助进行商标注册、专利申请、版权登记等工作，制定知识产权保护策略，处理侵权纠纷。处理与客户的争议、纠纷，协调解决内部矛盾，必要时代表店铺参与诉讼、仲裁等法律程序。

③海外事业部：负责国际市场开拓、跨境电商业务运营及国际供应链整合。

④投融资部门：负责融资规划、融资管理、投资管理、财务分析与风险管理等。

4. 团队组织管理

可以把整个团队想象成一个人，各团队就是四肢，这些团队之间需要由神经连接，大脑统一下达指令，人才能走起来。"大脑"是总经理，"神经"就是接下来要说的电商团队之间的组织管理办法，"神经"既要传达"大脑"指令，还需要连接各个团队，才能够确保整体高效运作。不同的团队，不同的电商模式，都需要根据整体目标和需求，团队特性和职能进行组织管理方式的个性化调整。

（1）召开团队会议

通过多个团队现场沟通，多团队互相协调，从而解决问题。会议可以是周会、月会、季度会议甚至不定期会议，具体频率根据业务需求进行调整。团队会议应该主题明确，对于大团队运行起到积极推动作用，尽量避免其他内容模糊掉团队会议解决团队沟通问题的目标。

（2）使用协同工具

利用各种即时通信工具、项目管理软件等，提高团队之间的沟通对接效率。如物流团队和运营团队对于产品库存核对存在问题，可以通过引入仓库管理软件解决；各团队经常找不到人、找不到文件，对接冗杂，可以引入钉钉、企业微信等管理软件实现文件留档、人员管理等功能。

（3）明确职责和分工

确保每个团队成员清楚自己的职责和任务，同时了解其他团队成员的分工情况。这样可以避免工作重叠或任务遗漏，提高团队协作的效率。

（4）建立有效的沟通渠道

除了定期的团队会议和协同工具外，团队之间需要建立有效的沟通渠道，如工作群，并建立好沟通机制。这些渠道可以用于日常的信息交流和问题咨询，有助于保持团队间信息的畅通。

（5）加强跨部门合作

鼓励团队成员加强跨部门合作，打破部门壁垒。跨部门合作的加强可以大大提高日常效率，或者让大团队更加游刃有余地应对突发情况。可以通过组织团建活动、开展跨部门培训等方式，提高团队间的协作意识和合作能力。

（6）制定统一的工作流程和标准

确保各个团队遵循统一的工作流程和标准，避免因工作流程不统一造成混乱和误解。同时，定期根据实际情况对工作流程进行优化和改进，以适应业务变化和团队发展需求。

（7）建立反馈机制

鼓励团队成员提供反馈和建议，以便不断改进协调机制。对于小团队可以提供直接和反馈的权限，大团队可以设立专门的反馈渠道或定期组织反馈会议，让团队成员对协调机制进行评价和提出改进意见。

农村电商网店运营策略

● 选择一个电商平台

1. 选择的要点

要做电商，就要先选对平台。电商平台现在的情况是多方割据天下，平台之间竞争激烈，都希望通过差异化竞争夺得电商界的天下。那么对于小商家来说，平台的差异化意味着我们需要在不同平台的不同定位中，找到最契合自己发展方向和品牌定位。

打个比方，现在有 A 和 B 两个平台，A 平台总流量为 100，有农产品专区但其流量只有 10；B 平台虽然总流量为 50，但是长期摇着"助农"旗，其农产品专区流量达到了 20。那么我们如果只考虑农产品流量，虽然 B 平台体量小，但是对于小店铺来说却能够得到更多的流量，转化为更多的销量。因此，我们在选择电商平台的时候，需要综合考虑很多因素，不能单方面看平台的数据，要结合自身商业定位。

（1）用户规模和用户定位

选择平台时首先要看平台的体量，平台用户规模越大，通常意味着我们开店后，店铺商品能获得更高的曝光量和销售量，电商就是"流量为王"。但是考虑流量的时候还需要考虑到平台的用户定位。比如，京东价格定位本身就较高，主要面向中高端用户，主营商品是家电、数码、家居等；而淘宝价格定位则更广泛，低价到高价都有，较京东能吸引到更多低价端用户，并且因为二者的定位差异，其用户在性别比例、年龄、消费能力、消费习惯等方面都有很大差别。

还有专门经营生鲜的生鲜电商平台，虽然这些平台的体量流量均不如老牌的综合电商平台，但是生鲜电商平台的流量都是精准流量，流量质量也很高。试想消费者浏览综合电商平台时，更多的想法可能是"逛一逛"，是漫无目的地浏览商品；而浏览生鲜电商平台的目的，通常就是"要买"，消费者会对比性价比和口味。

（2）营销工具和服务

不同平台的营销工具和营销服务需要符合平台本身定位，因此针对不同平台的店铺，营销手法也不同。我们希望通过什么手法营销，最好一开始就选择具有这种营销功能的平台。同时平台的客服支持、售后服务也有不同的流程和规范。

像拼多多的营销主要是以团购砍价的形式进行，直接呈现低价。而淘宝有各类官方促销活动可以参与，同时营销工具比较丰富，包括优惠券、直接打折、第二件半价等。对营销具有丰富要求的店铺需要考虑到这一点。

（3）支付方式

不同平台的支付渠道有巨大区别，比如，京东支持微信支付、京东支付、银联支付等多种支付方式，而淘宝则支持支付宝支付、微信支付、银行卡支付等。

不要小看平台支付方式的不同导致的差异，就如上述的淘宝支持支付宝支付，也支持使用蚂蚁花呗，而京东支持银联支付，消费者要想使用信用消费则需要使用京东白条。不同的客户群体的支付习惯不同，且支付渠道的便利性、安全性等都会影响消费者的消费欲望。针对这点，商家可以从自己的目标客户群体的消费支付习惯出发，选择更匹配的平台即可，而不需要更深入地探索更深层的逻辑。

（4）物流配送

物流配送是影响平台商品价格的重要因素。不同的平台对于物流配送的质量、时效要求不同。京东具有自建的物流体系，即京东物流，而淘宝和拼多多则需要与第三方物流公司合作。而京东平台用户对于商品物流配送的时间要求更高，但是自建物流体系带来的影响就是成本更高，其成本需要均摊到消费者身上，因此京东商品的价格更高。可以理解为对于服务、物流具有高要求的中高端消费群体更偏向于京东平台，因此商家需要对比自己的目标客户群体，看他们属于哪一类。

（5）数据分析

不同平台对于用户的数据分析具有针对性、独特性，因此除了店铺基础数据大同小异外，平台提供的数据分析最后呈现到商家眼中是不同的结论，这是统计方向和分析方向不同导致的必然结果。

比如，拼多多主要关注用户行为特征和营销活动数据，淘宝则注重个性化推荐和用户画像。那么对于商家来说，关注用户行为特征和营销活动数据的数据分析有助于制定效果更好的营销活动，调整营销策略；

注重个性化推荐和用户画像的数据分析则可以让商家更容易了解自己的客户群体，进而选择匹配的产品和营销手法。

2. 平台分析

（1）淘宝/天猫：体量最大的电商领头羊

淘宝和天猫仍是中国目前体量最大的综合电商平台，其商品类目全，用户量大，发展历史最长。淘宝主打 C2C 模式，天猫主打 B2C 品牌电商。对于小商家，如果选定淘宝、天猫等阿里系电商平台，建议优先从淘宝做起，淘宝对于爆款单品的推流力度大，对新店的扶持力度大，更容易起店。而天猫则建议在品牌具有一定知名度后再入驻。

支付体系：淘宝和天猫已经全面接入支付宝，并开放免密码支付。支付宝本身就有丰富的金融业务，还开发了分期付款等实用功能。如果淘宝、天猫平台使用微信支付只能通过扫码支付或找朋友代付，很不方便。因此目前淘宝和天猫以支付宝支付为主。

物流体系：淘宝通过菜鸟驿站实现了物流体系的整合，同时握有圆通、申通、中通和韵达"三通一达"的股份，目前淘宝客户的购物体验有一定保障和规范。但是从商家角度看，如果需要从物流体系方面节省成本，还需要自己和物流收发站点对接谈价。

营销策略：各电商平台都倾向于造节促销，淘宝、天猫"双 11""双 12"活动经典的跨店满减、店铺优惠等叠加优惠，曾在电商历史上造就传奇。但是近两年电商购物节明显乏力，不再有前些年一浪高过一浪、一年高过一年的盛况。因此淘宝目前正在探索年终好价节、"百亿补贴"等新营销活动。

（2）京东：用户优先的高端电商平台

京东目前主打京东自营，拥有自建的物流体系。但是对于刚开店的小商家，通常是自己使用京东物流或第三方物流发货，且京东对于普通商家的支持力度不大，小商家很难享受到京东正品、物流快、服务好的口碑福利，因此起店可能会比较困难。

支付体系：京东支持微信直接支付，并且已开发京东白条等金融服务，但是不支持支付宝支付。这是京东支付体系与淘宝支付体系最大的区别。

物流体系：京东自营有自建物流体系和仓储体系，物流速度快、服务好，但是对于普通小商家，还是需要自己通过京东物流发货或者自行寻找合作的第三方物流商，并不能很好地利用京东物流的优势。

营销策略：京东有"618 购物节""双 11 购物狂欢节"，京东注重品牌营销推广，喜欢与各大品牌合作，推出独家商品和限量版商品。实际上京东的营销方向和农产品电商并不契合，可能只有少数农产品品牌可以通过该模式进行品牌营销和推广。

（3）拼多多：接地气的后浪

拼多多近年来通过独特的团购营销模式，硬生生在电商市场上抢到了一块蛋糕。凭借拼团营销和微信等社交软件自带的巨大流量，拼多多快速成长为中国电商平台的第三大巨头，用户量更是接近 9 亿，超越了京东直追淘宝。并且三农板块也是拼多多目前重视的主要发展方向，拼多多未来有望打造一个从产品源头到消费者的供应链。因此拼多多也很适合农产品电商商家入局，只要定位与拼多多相符，不妨试一试拼多多特色的社交电商。

支付体系：拼多多内置有多多钱包，可以直接绑定银行卡付款，同时支持支付宝和微信支付。但是由于拼多多的低价定位，目前未开放分期付款金融服务，需要由支付宝内置的花呗等第三方渠道实现分期付款。

物流体系：拼多多目前无自建物流体系，更多的是整合社会物流资源，讲究物流"轻资产"。对于农产品商家来说影响不大，只是需要自己和第三方物流收发站点对接谈价。

营销策略：拼多多的营销策略以社交属性为核心，通过与社交平台的紧密合作，将购物与社交结合，打造独特的团购模式。借助微信等社交网络，拼多多迅速扩散商品信息，降低获客成本。作为商家同样能从这种营销策略中获利，拼团模式可以让商家标价更低，客户增长迅速。

（4）抖音：电商新秀

抖音主要以直播带货电商为主，最近两年直播电商的增长有目共睹，因此抖音虽然本来是一个短视频平台，但也可以利用其庞大的流量入局电商，并且发展速度很快。现在抖音上也不乏带货农产品的账号，但是对于我们刚开始经营农产品电商的小商家来说，抖音可能与原本设想的电商不一样，抖音电商更依赖于直播和个人 IP，也就是有直播就有销量，一旦停播销量就会急剧下滑。因此对于具有创意想法、喜欢直播电商方向的商家可以在抖音平台上发展，但是如果是希望以传统电商为主，在传统电商的基础上再去发展直播电商，那么可以先从其他平台开始发展。

支付体系：抖音内置有支付渠道，可以直接绑定银行卡支付，也支持支付宝和微信付款，同时支持分期付款。

物流体系：抖音目前无自建物流体系，是通过整合社会物流资源实现轻资产物流。目前抖音"音需达"服务已经在快速推广，可以想象成"第二个"菜鸟驿站，同时"音需达"服务已接入顺丰、中邮、中通、京东快递等快递。

营销策略：抖音的营销与传统电商平台差异巨大，更多是内容营销、IP 营销（可以是个人 IP 或品牌 IP），通过创造吸引人的创意内容吸引流量，然后在内容中植入商品或广告，同时其互动性也更高于其他平台。如果是在抖音发展农产品电商，需要考虑创造匹配的内容吸引目标客户群体，如果内容定位和产品定位不匹配，可能会出现吸引来巨大流量，但是流量转化成销量的比例却很低的情况。

（5）生鲜电商平台

现有的美团优选、叮咚买菜等生鲜电商平台实际上不适合希望自己开店做电商的商家入驻，简单来说，生鲜电商平台是以整个平台为单位进行运营营销的，而不是通过在平台内开设一个个店铺来运营的。无论是前置仓、仓店一体、社区团购等哪一种模式，作为个体商家一般只能作为平台供应商入局，而供应商的商业逻辑与电商的逻辑差别很大，因此不建议希望自己经营店铺的创业者从生鲜电商平台开始做起。但是如果我们通过综合电商平台已经打造有品牌，具有一定的品牌效应，则可以考虑和生鲜电商平台合作，不过本书不对此做更多的讨论。

● 开店

选好适合自己的电商平台后，我们就已经做好了所有的前期准备和思考了，可以着手开店了。本书提及的平台入驻开店需要的材料、资金和开店流程等，都可以在各平台官网或开店专用网页找到说明，开店的一般要求差别不大，只是流程上可能会存在区别。本节以淘宝开店为例，讲述开店的一般流程。

1. 销售资质、材料准备

销售资质是指我们以个人、个体工商户、企业进行销售农产品的时候，根据国家食品相关法律法规需要持有的资质证明。线上销售农产品对于资质的要求如下：首先需要明确我们是以个人、个体工商户还是企业为主体来开店，然后需要明确我们售卖的农产品是初级农产品（直接种出来未经加工的农产品，包括但不限于新鲜蔬菜、新鲜水果、新鲜坚果等）还是精深加工农产品（以食用农产品加工成的食物，包括但不限于面包、果干等），最后再对应几种情况准备资质凭证。

而开店还需要准备材料，不同主体开店还需要准备不同材料，并且材料格式、大小均有要求。

各平台材料统一要求如下：

①提供的证件需要处在有效期限内。

②上传的照片或扫描件需要露出四角，不能有遮挡或者模糊之处，确保证件信息都清晰可见。

③上传的照片和扫描件大小需要处在平台要求范围内，淘宝要求图片大小在 100K~4M 之间，图片格式仅支持：JPG、PNG、JPEG（各平台要求不同，需要根据实际要求调整）。如果照片和扫描件大小和格式不符，可以通过手机或电脑上的图片处理软件修改。

（1）个人商家

如果开店目的只是经营售卖自己生产的初级农产品，可以直接以个人商家入驻，入驻成功即店铺开启后就可以立即上架初级农产品进行销售。

个人商家需要以下材料：

①支付宝账号一个，要求实名认证人就是开店主体人。

②根据身份归属地，提供相应的经营者身份证件。中国大陆：须提供二代身份证的正反面照片；中国香港/澳门/台湾：须提供港澳居民来往内地通行证或台湾居民来往大陆通行证的正反面照片；海外：须提供护照首页照片。

（2）个体工商户

个体工商户无论售卖什么农产品都需要准备个体工商营业执照，并且确保经营范围内有农产品和互联网销售。如果销售精深加工农产品则需要办食品经营许可证。食品经营许可证需要有经营场地在实际进行食品经营，且要有货架或仓库等才可以办理，办理也需要注意勾选符合自己销售的农产品类型的经营范围。有了个体工商营业执照、食品经营许可证就可以实现开店并销售初级农产品和精深加工农产品。如果要自己加工生产食品，则需要根据所在省（自治区、直辖市）制定的关于食品生产加工小作坊的具体管理办法，完成申请许可、登记证书，以及向相关监管部门备案等手续后才可进行加工生产食品的行为。

个体工商户需要以下材料：

①支付宝账号一个，要求是已实名认证的个人支付宝账号或已实名认证的个体工商户支付宝账号。

②根据身份归属地，提供相应的经营者身份证件。中国大陆：须提供二代身份证的正反面照片；中国香港/澳门/台湾：须提供港澳居民来往内地通行证或台湾居民来往大陆通行证的正反面照片；海外：须提供护照首页照片。

③需提供类型为"个体工商户"的营业执照原件的扫描件或照片，确保未在经营异常名录中且所售商品在营业执照经营范围内。需要注意的是如果是新办理的营业执照，因为国家市场监督管理总局信息更新有延迟，可能需要办理成功后等待 14 个工作日后再入驻。

（3）企业商家

企业销售、生产农产品基本与个体工商户的要求一样，如果只销售则需要营业执照和食品经营许可证，如果涉及自己生产食品，还需要食品生产许可证。那么是选择注册公司还是个体工商户呢？这取决于我们开店的目的，如果我们只希望多一个渠道来销售农产品，未来没有扩大商业版图的期望，那么个体工商户即可实现开店经营。如果是以后需要与其他企业合作签订合同、打造品牌等，则最好注册公司作为主体。

企业需要以下材料：

①支付宝账号一个，并且是对应经营主体经过认证的企业支付宝。

②根据身份归属地，提供相应的法人和经营者的身份证件。中国大陆：须提供二代身份证的正反面照片；中国香港/澳门/台湾：须提供港澳居民来往内地通行证或台湾居民来往大陆通行证的正反面照片；海外：须提供护照首页照片。

③需提供类型为"公司/企业/农民专业合作社等"的营业执照原件的扫描件或照片，确保未在经营异常名录中且所售商品在营业执照经营范围内。如果是新办理的营业执照，因为国家市场监督管理总局信息更新有延迟，可能需要办理成功后等待 14 个工作日后再入驻。

（4）特殊农产品

如要售卖特殊农产品，建议商家在平台官网查找平台规则，避免因为信息错漏而影响店铺经营。比如，淘宝针对发布在"水产肉类/新鲜蔬果/熟食>>生肉/肉制品>>特许养殖肉类"类目下的商品，有须提供野生动物经营利用许可证这类特殊的规定。

2. 开店流程

（1）开店入口

电脑使用任意浏览器打开搜索引擎，搜索淘宝，打开官网，在淘宝官网右上角找到"免费开店"链接，点击即可进入电脑端开店界面，如图 3-1 所示。

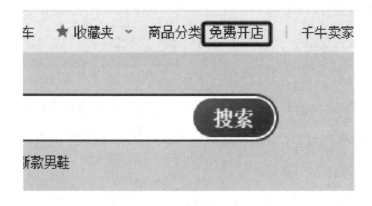

图 3-1　电脑端"免费开店"链接

或者使用手机打开淘宝 APP，在搜索栏搜索"开店"，搜索结果顶端会弹出"淘宝开店"链接，点击即可进入手机端开店界面，如图 3-2 所示。

图 3-2 手机端"淘宝开店"链接

（2）选择开店身份

目前淘宝有普通商家、达人商家和品牌商家，如图 3-3 所示。不同平台分类不同，需要补充的材料也不同，点击不同类型进入即可查看需要额外补充的材料。新商家如果是以普通商家的身份入驻的，就不需要补充其他材料。

图 3-3 开店身份选项

（3）选择开店主体

目前淘宝有个人、个体工商户和企业三个主体可供选择，如图 3-4 所示，部分平台可能会缺少"个体工商户商家"选项。

图 3-4　开店主体选项

选择主体点击对应的"去开店"选项，就会弹出或跳转到淘宝登录界面，如图 3-5 所示。如果已有账号可以直接登录，如果没有账号，在该界面进行手机验证通过后也可以自动注册一个淘宝账号供商家使用（店铺名称可以修改，此处可以先随便填一个）。填写完成后点击"0 元开店"即可登录该商家账号。

图 3-5　开店登录界面

（4）后续认证和信息采集

下载千牛工作台，或使用网页版千牛工作台登录刚才注册完成的商家账号，此时在千牛工作台首页会弹出支付宝认证、信息采集、实人认证等后续流程，如图 3-6 所示。支付宝认证需要在支付宝 APP 上进行。

图 3-6　开店认证流程

（5）完善店铺资质

如果不需要销售精深加工农产品食品的商家，这一步可以省略，以上步骤完成后已经可以直接发布初级农产品。对于精深加工农产品或特殊类目农产品的经营商家，需要打开千牛工作台，在左侧选择"店铺"选项，如图 3-7 所示。

图 3-7　"店铺"选项

在店铺界面右侧可以找到"店铺工具"模块，可以看到有"经营许可"选项，点击即可进入"我的资质管理"界面，如图 3-8 所示。

图 3-8　"经营许可"选项

进入该界面后，点击下方"添加证照"，即可根据步骤选择需要添加的资质证照，如图 3-9 所示。审核通过后就可以上传对应的商品了。

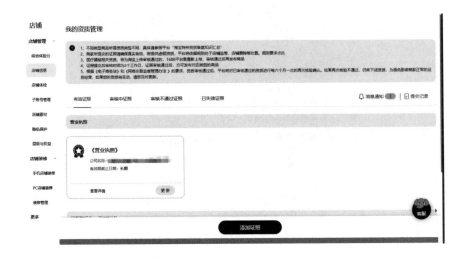

图 3-9 "添加证照"选项

（6）保证金缴纳

淘宝平台的保证金有两种，分别是风险保证金和消保保证金。风险保证金指如果曾经在淘宝有不合规经营行为、经营不符合平台规范等行为，都有可能需要风险保证金，风险保证金会在关店时解冻并提取回来。而消保保证金就是担保对消费者保障服务承诺以及淘宝网相关协议、规则的遵守和履行的资金。一般在店铺发生交易行为后需要缴纳消保保证金，具体保证金金额可以在淘宝平台规则《淘宝网保证金类目阶梯档位额度标准》中查询。目前大部分平台都需要缴纳保证金，具体需要查看平台规则。

（7）其他平台开店入口

京东：电脑使用浏览器搜索"京东招商入驻"，找到京东招商官网，即可在官网页看到入驻要求和所需资料，点击"立即入驻"，或手机下载京麦 APP 即可根据步骤开店。

拼多多：电脑使用浏览器搜索"拼多多"，找到拼多多官网，官网页最上方即可看到"拼多多商家入驻"选项，点击进入即可看到入驻要求和所需资料，登录账号即可根据步骤开店。

抖音：电脑使用浏览器搜索"抖音小店入驻"，找到抖音电商官网页，点击立即入驻，在网页版登录账号或者下载抖店 APP 即可按步骤开店。

3. 开店防骗技巧

（1）保证金骗局

目前淘宝大部分类目的保证金缴纳额度是根据销售额来计算的，也就是卖出商品后才需要缴纳保证金。可能会有骗子通过短信、电话或者千牛、旺旺等联系方式冒充平台工作人员，想要让店主缴纳保证金。当碰到这种情况时一定要记住，真正的平台工作人员不会通过个人联系方式或者平台消息联系商家。保证金完全可以直接在平台后台全程自己操作，如淘宝平台的保证金在千牛工作台就写明了各种要求，可以直接缴纳。千万不要相信其他渠道发来的信息，不要点击发来的链接、扫描发来的二维码。以此类推，通过各种渠道声称自己是平台工作人员的，无论是什么理由，都不要按照其描述的进行操作或者提供任何信息。碰到这种情况如果自己确实无法判断时，可以通过官方渠道联系官方客服了解情况，就可以明确了。

（2）刷单、刷信誉、刷好评骗局

刷单行为是各个平台明令禁止的行为，并且各平台对于刷单行为的容忍度很低，一旦发现，轻则店铺权重降低、信誉降低，重则店铺遭到封禁，心血付诸东流。因此有人通过各种渠道提到刷单时，不要同意甚至不要回应，如果留下对店铺不利的信息会被其当作把柄威胁店铺，一旦被举报或者被平台检测到，就会对店铺造成影响。

（3）假买家

有些骗子可能会拍下商品冒充买家，通过客服发送病毒链接、假网站链接，或者假称交易无法付款等，套取卖家手机验证码或者让卖家点击链接，通常这类骗局的买家都会反客为主"要求"卖家做这做那，看似理由充分，实则毫无逻辑。这种骗局需要卖家清醒应对才能发觉，当遇到以上情况或者其他意外情况时，都需要卖家认真思考、仔细判断。

（4）租赁店铺、借用店铺骗局

这类骗子的目的就是盗取商家的淘宝账号，无论是说租赁店铺、借用店铺，或者假冒平台工作人员索要账号密码，商家都要记住账号密码不要发给其他人，尤其是陌生人。

（5）职业打假

有人通过发掘商家商品漏洞，如存在假货、过期、包装和要求不符等与法律明确规定相悖的情况，组织一批人购买后投诉到消费者协会，证据确凿的情况下商家需要支付巨额赔偿。因此我们在开店上货农产品的时候，要确保我们的商品符合国家对这类商品的相关法律法规要求，从根源上杜绝被职业打假的可能性。

● 网店"门面"的装修

1. 店铺装修就是店铺的门面

很有意思的一点是我们开网店虽然没有实体店铺，但是运营逻辑却与开实体门店十分一致。好的"门面"绝对是吸引消费者的最有效手段，尤其是在"吃"上，仅仅是干净正规就能会吸引到很多路过的游客。所以现在很多饭店还用"开放式"后厨装修进行营销，其实就是把幕后当作"门面"。农产品电商店铺也是这样的逻辑，真的不能小瞧了网店"门面"的装修。

从另一个角度想，对店铺的"第一印象"很大程度决定了店铺的整体印象，甚至对消费者的印象具有"纠正"作用。比如，一个发错货的订单同时发生在装修统一干净、有品牌的店铺和毫无装修的"三无"店铺，有装修的店铺客服售后中做得好的地方都会被消费者下意识放大，而对于无装修的店铺，消费者会怎么想？"果然不正规""早知道不买了""投诉黑店"等都是可以预想到的结果。因此好的装修还能给店铺运营带来无形的优势。

那么一个"好"的装修怎么做出来的？正所谓知其然还要知其所以然，我们在做出一个"好"的装修之前，还要先理解"好"在哪里，我们到底需要装修为我们做到什么？

（1）吸引顾客目光

装修最主要的目的就是"吸睛"，不是设计师说得天花乱坠才是优秀的装修设计，装修的目的是吸引人，能够抓住顾客的目光才是第一要义，能否靠一眼就能留住顾客的眼睛和心才是判断装修好坏的要点。

吸引顾客可以从几个角度出发思考：一是装修风格和氛围，不同人群喜欢不同的风格，所以可以根据目标客户群体喜爱的风格来设计店铺装修，投其所好更省心省力；二是抓住痛点，合理导航和分区，根据目标客户群体的常见痛点，或者常见需求把商品分区分类，让装修页面成为"导购"；三是创意设计，让人眼前一亮的设计往往更具吸引力；四是需要不断更新和优化，店铺装修也是需要跟着热点的，无论是网络热梗、节日节庆，还是促销购物节等，只有不断变化才能不断给消费者带来新鲜感。

（2）提升品牌形象

店铺装修对于品牌形象影响很大，要知道品牌和店铺基本是绑定的，店铺的第一印象就是品牌的第一印象。精心设计的契合品牌形象的店铺装修可以不断加深品牌形象，提升消费者对品牌的好感度，同时显得更规范。实际上店铺也能从品牌形象上吸引很多潜在客户。

想要通过装修提升品牌形象，需要在店铺装修中注意以下三点：一是装修风格和品牌形象契合，如果一个高端品牌想用自然田园风格，不能简单粗暴地照搬网络上的自然田园素材、模板，而需要根据品牌定位进行选择。比如，通过选择高质量的照片、适当融合金属质感边框等方法将品牌和希望的装修风格统一。二是传达品牌信息，可以是品牌故事、品牌价值等。比如，品牌主打生产原生态零农残农产品，那么装修选图就可以以种植生产过程实拍为主，诉说原生态的品牌故事。三是展示专业性，一个售卖农产品的品牌，无论定位是怎样的，都必须对自己的农产品具有专业性的认识，包括农产品鉴定证书、生产流程保障等。

（3）提高用户体验

这一点主要是从店铺装修的提示引导出发，客户群体为中老年人的店铺尤其需要注意这一点，因为中老年人对于电子设备的运用不熟练，所以需要明显的、合理的图片、文字指引。还有商品的分类也能让客户快速检索到所需商品，提高转化率。

（4）展示商品特点

店铺装修中的海报、单图展示等功能是有助于店铺进行主打商品的特点介绍和宣传的，这也是店铺中爆款、引流款常用的营销推广方法之一。尤其是商品中卖点、定位明确的商品，使用这种方法能很精准地吸引商品目标客户群体。

（5）增加信任感

这一点其实和提升品牌打造关联性很强，对店铺的信任感就是对品牌的信任感。对于新客户来说，第一眼就认为这个店铺是个可信的店铺，虽然对于销量的提升没有直接作用，但是如果他在店里看到了心仪的商品，就不太可能会有"正不正规""安不安全"的疑虑，其实也是间接提高了转化率；而对于老客户来说，信任感除了店铺装修之外还需要长期购买建立的信任关系来维持。因此店铺装修信任感更多是让人一目了然，以吸纳新客户，奠定新客户的信任关系。

2. 装修先定风格

明确好我们店铺装修的目的和要求之后，第一步要做的就是奠定一种装修的基调风格，即装修最终给人呈现的"感觉"。风格选择可以根据品牌和客群来考虑，而且不局限于某一种风格，只需要符合市场即可。以下是几种经典的农产品电商店铺可以选择的常见装修风格。

（1）自然田园风格

就如名字所展现的一般，自然田园风格就是一种追求自然、舒适、和谐的风格，突出人与自然融合的农业概念。对于主要销售初级农产品，或者品牌形象是接地气、纯天然等的商家可以选择自然田园风格。

因此选择这种风格的时候，装修素材尽量不要选择加工痕迹过重的内容。比如，蓝天农田可以出现锄头等基础农具，但不要出现收割机这类现代农机；比如，产品展示宜展示产品原料原生态的新鲜样子，不宜展示把农产品加工成罐头的模样。同时在配色上面可以选择叶绿色、天蓝色、木褐色、水果自然色等，不要出现大面积对比色。比如，主题为蓝绿色，结果某幅图片使用了大面积的正红色幕布，这是不妥的。这种视觉冲击力在一些现代艺术风格中有运用，但是自然田园风格不追求这种效果。同时，自然田园风格设计中还可以考虑产品的自然属性和产地特色，比如，结合产地的高山、河流、人文进行设计。

（2）时尚简约风格

时尚简约风格是电商店铺通用的风格，整体追求的是简洁、清新、具有一定的现代感。销售小众农产品、精深加工农产品，或者目标客群主要是追求时尚简约的年轻人的店铺可以选用这种风格。

选择这种风格的时候色彩不需要太明亮抢眼，要注意整体的简洁和协调，页面色彩不宜多于 3 种。大多时尚简约风格都会选择白色、灰色、米色等饱和度低的色彩作为主要色，对于农产品店铺来说，可以参考使用低饱和度的灰绿色、雾霾蓝等"高级色"，也就是莫兰迪色系。同时图片素材的选择尽量选择简单朴素、一目了然的素材，页面布局也尽量简洁清晰，强调内容和信息的直接读取，即讲究"字少"。

（3）中国风

中国风的店铺设计是近年来比较火热和受欢迎的风格，融合了中国传统元素和现代风格，在店铺装修中通过色彩搭配和图片素材来体现。中国风适合特产类店铺使用，在春节、元旦等传统节日期间使用效果更好。

中国风的色彩肯定是以红色为主，但是中国红明度较高，大面积使用会视觉疲劳，可以使用淡金色、黄色或者留白来协调整体色彩。同时中国风还可以通过云纹、龙凤纹、中式山水画（水墨风格也是一种中国风，色彩需要对应调整）等图样展现，让人一眼就知道是中国味道。部分农产品本身可以结合一定的中国文化背景，比如，柿子谐音"万柿如意"、橙子谐音"心想事橙"等，都是在中国风里可以运用的技巧。还有一种是产品的实拍图，在中国风设计中，可以在店铺首页展示的实拍图中加入中国结、灯笼、对联等具有中国味的布景或者物品。中国风没有固定要素，只要是和传统文化贴近的元素，都可以拿来进行创意装修。

（4）节日庆典装修风格

节日庆典装修风格就是针对不同节日，融入不同的节日元素，形成的特定风格。对于任何电商来说，节日都是营销推广的好时机，如上一点中提到的中国风适用在春节、元旦等节庆，此外还有中秋节、国庆节等人们消费欲望高涨的节日，店铺都应该进行页面的重新设计，或者加入一定的节日创意点。比如，春节的时候在店铺装修中加入红灯笼、品牌对联、红包、鞭炮等元素的图片素材，主题颜色整体换成喜庆的中国红；而中秋节则加入月亮、孔明灯、中秋礼盒等要素，主题色彩也换成白色、深蓝色、金色等。

（5）其他风格

除了上述提及的风格，还有很多风格可以由商家探索。比如，促销主题装修、地方特色风格等，促销专题活动就是指各电商平台购物节、购物日或自家店铺专题营销活动。针对这些特别的专题活动，店铺也是需要更新装修设计的，主要为了突出活动内容和特点。地方特色风格则多用于特产类店铺，农产品产地的文化特色、风格都可以作为店铺装修的依据。

3. 装修方法

每个电商平台的店铺装修入口略有不同，一般都可以从商家后台找到店铺装修页面。每个平台都有基础模块可供选择，新商家建议先使用基础模块，后续再引入装修模板或者在此基础上不断进行装修优化。一般电商店铺装修分为电脑端（PC端）和手机端（移动端），但基本的结构可以分解为以下几种。

（1）店铺招牌

店铺招牌位于电脑端页面的最上端，招牌设计的目的是为了展示店铺名称、标志和品牌形象，同时可以吸引点击，引导客户关注店铺。因此招牌的底图不应该太复杂混乱，整体应大气简洁，可以一眼看到店铺名称和标志。刚开始最好是简洁干净的浅色底纹，再附上品牌LOGO、名称即可，后续再根据品牌的主题色、品牌形象等慢慢改进招牌，但是切忌不断往招牌里堆素材导致视觉效果杂乱。

（2）大图海报

海报一般位于店铺首页最显眼的位置，十分重要，可以奠定店铺装修的风格。海报具有宣传品牌、宣传主打商品、宣传促销活动等用途，无论是哪一种用途，海报都宜使用最好看的、拍得最满意的照片，总之要漂亮，尤其是农产品、加工食品商品，最好是让人看到就垂涎三尺。但是注重好看的同时，不要偏离海报的主题，如果是宣传品牌，那么品牌 LOGO 和特色、故事就要在海报中展示出来，并且文字大小、层次要分明。如果是宣传某一商品，就要突出商品卖点；如果是低价，价格必须显眼，其他卖点也以此类推。如果是促销活动，需要在一张海报内说清楚，不一定要把促销计算方法说清楚，但是要突出说明客户得到的优惠，让进入页面的客户可以一眼看到自己能获得什么。

（3）优惠券

优惠券模块通常放在店铺首页显眼位置，优惠券模块一般可以直接点击领取优惠券，所以这个模块的目标就是吸引点击领取，可以使用图片或文字引导领取，这样客户可能会尝试使用优惠券，最终促进销售。

（4）商品分类、促销

常驻商品推荐、分类、促销通常位于海报下方，或者通过选项卡跳转。一般客户看到这一项时意味着对店铺有兴趣，需要逛一逛是不是有适合的商品或者想要的商品。因此在做商品浏览界面的时候就要注意，要尽可能地方便客户快速找到某一个商品，商品分类要合理，商品活动要在主图上打标，同时标有醒目简洁的促销、活动内容，这样客户才能最快检索到想要的东西，并产生消费行为。

（5）商品排行榜

目前平台的商品排行榜模块的排行是通过算法自动生成的，商家直接加入该模块即可，商品排行榜模块通常是放在商品分类之后的，排行榜的作用是让客户更多的购买销量高或好评多的爆款、常规款商品，提高销售额。

（6）其他

除以上部分外，店铺界面还可以添加会员专区、粉丝群等其他模块，但是不同平台有一定差异，因此需要点进装修设计界面看官方提供了什么基础模块，并将其合理利用起来。

4. 装修小提示

（1）文字也能传递情感

店铺取名也是装修的重要部分。取名要考虑我们的品牌、故事、产地、产品有没有适合的标志，比如，主打产品是竹笋和竹笋制品，竹笋可以联想到国宝熊猫，使用熊猫元素就可以蹭上热度，这就是拿产品做文章。如果本身就是特产类农产品店铺，可以从产地角度出发取名，这和商品卖点的挖掘很相似。无论如何，最终名字需要具有独特性和简洁性，让店铺品牌具有辨识度，同时便于客户之间交流传播。

新店往往还会忽略主页页尾的布置，刷到排行榜后再往下刷就是平台推荐的"可能喜欢"。实际上，页尾可以使用文字模块加上发货详情、售后服务、客服服务等购物温馨提示，或者可以说说品牌故事、品牌理念等，这些贴心的文字能够让店铺变得更人性化。

（2）装修为了目标服务

装修不是越华丽、繁琐越好。如果最终视觉效果很棒，但是主题模糊，客户点进店铺首页不知所云，不知道是什么品牌、不知道卖什么产品、不知道怎么买，那这个装修就失去了意义。

因此我们一开始就要把能实现装修目标的内容定下来，之后再去丰富其他内容。平台在店铺装修页面给出了很多基础模块，以及很多内容和要素，但新店不一定需要那么多内容和要素。在装修的时候，只选择自己现阶段需要的模块，说不定是更好的选择。因为新店客户点进来不一定有耐心翻找，可能扫一眼就要退出页面了，从客户来说，一眼能知道店铺在卖什么，为什么这家店值得信赖，现在有什么优惠活动才是首要考虑的。

（3）装修不能完全抄作业

在一开始装修还没有头绪的时候，可以去装修好的店铺学习其装修风格的实现方法、页面布局。但是真正在进行自己店铺装修的时候，十分忌讳盲目跟风，做类似风格，甚至照搬别人的装修内容。装修需要契合、匹配产品和品牌，卖水果的要突出生产环境、卖保健食品的要突出保健功效、卖零食的要突出原材料和加工环节，而照搬的装修没有特点、没有新意，就只能永远落后于别人。

店铺装修不是装修好之后就永远不变的，而是应该根据节日、热点、活动等长期持续进行更新。节庆日本来就是消费高峰，因此根据节庆日调整装修可以极大提高节庆日期间的销售额。

● 农产品宣传图拍摄

农产品宣传图的拍摄决定了农产品在电商平台是否卖得动。一款产品图片拍得好看，就算是口碑差都能有一定销量；图片拍得差，即使口碑好也很难成为爆款。在电商中，好看的宣传图实际上也是一种营销方法，叫视觉营销。

农产品是一类比较特殊的商品，通常消费者需要经过观察、触摸甚至品尝等体验后才能判断优劣。通过电商买农产品尽管有方便、便宜等优点，但是缺乏能"体验"产品品质的方法，而宣传照片正是消费者唯一能抓住的视觉体验。通过宣传照片消费者可以了解一款农产品的外观、新鲜程度甚至品牌形象。那么店铺在拍摄农产品宣传照片时就要投消费者所好，掌握农产品拍摄得美观、新鲜、特色的方法和技巧，甚至可以通过一些技巧间接表现农产品口感、风味等其他体验。

由于不同的客户群体喜欢的照片风格不同，因此我们还要根据产品目标客群和品牌定位，明确农产品拍摄的目的，选择合适的侧重点，最终实现促进销售和提高转化率。

1. 农产品拍摄的目的

（1）展示农产品的外观

这种拍摄目的主要是为了突出展示农产品本身的形状、颜色等外观特点，可以通过多角度拍摄、特写拍摄等方法来展示。外观在农产品拍摄中十分重要，一般无论拍摄目的是什么，都需要保证最终照片成品的农产品的外观好看美观。

（2）强调农产品的品质和新鲜度

农产品的品质和新鲜度也是消费者关心的问题之一。品质和新鲜度是抽象概念，只拍摄产品很难直观体现，但是可以把生长环境、采摘过程拍下来，甚至在照片中通过露珠、绿叶等细节均表现品质和新鲜度。

（3）宣传农产品的价值和特色

突出展现农产品的特色或价值点，比如，非遗传承或独特的制作工艺、独特的包装设计等，一般特产类农产品都可以以此为目的进行拍摄，但是由于不同农产品的生产手法、工艺、包装均有差异，因此需要企业根据产品特色选择不同的拍摄技巧。

（4）塑造品牌形象和提升品牌价值

为了打造品牌形象和提升品牌价值，产品通常会选用高质量的照片，通过场景打造或后期制作，把系列产品宣传照片制作出统一质感，甚至直接在照片中融入品牌LOGO。因此打造品牌的目的与其他拍摄目的并不冲突，但是需要在拍摄前期就定好拍摄方案、拍摄要素、后期方案等。

2. 拍摄硬件、软件准备

拍摄设备：相机、手机等具有拍摄功能的设备。设备配置越高，照片质量越高。

打光设备：摄影灯、补光灯等光源，可以准备柔光布，使打出来的光更自然。

补光设备：常用反光板。反光板具有不同类型，如金色、银色、白色等，可以根据拍摄目的选购。

后期设备：电脑、手机均可以进行照片后期处理。电脑推荐使用 Adobe Photoshop、Adobe Lightroom 等软件，手机可以安装各种功能齐全的修图软件。

3. 选择合适的拍摄环境

（1）环境光线

光线对于拍摄的影响超乎想象，摄影圈常把摄影比喻为用光线作画，不过对于农产品拍摄我们只需要学会基础的运用光线即可。要知道光线的色调、方向、强度都会影响照片最终呈现的效果，如果没有特别的需求，我们拍摄时一般要求光线明亮、柔和、自然。

室外拍摄时，通常是自然光搭配反光板补光。一般室外拍摄会选择早晨和傍晚时分，因为早晨和傍晚的光线更柔和且一般为斜射光，符合更多拍摄场景应用。尽量避免正午拍摄，过强的光照可能导致过曝、阴影过强等情况发生。

室内拍摄时，光线通常来源于补光灯，同样可以搭配反光板补光，人工打光的优势在于光源可控，可以根据拍摄需求随时调整画面质感。比如，我希望拍摄一组苹果的照片要展现其轮廓突出圆润的特点，还要突出其红色以体现新鲜，那么我只需要通过调整光线，选择逆光或侧逆光突出轮廓，选择正面光突出色彩鲜艳，即可达成拍摄需求。室内拍摄有时候也可以借用自然光，比如，需要拍摄室内场景，可以借用大窗户投射进来的自然光，让照片更柔和、顺眼。

（2）背景选择

背景是照片的重要组成部分之一，背景可以起到多种作用，如烘托照片氛围，增强主体色彩、体积感等。因此我们决定拍摄目的后，背景的选择就需要对拍摄目的进行服务。比如，一款针对女性客群的草莓，希望拍摄一组画面干净的、"粉嫩可爱"的草莓宣传照片，为了突出"粉嫩可爱"这一概念，主体草莓需要清洗干净、喷洒水珠等处理，背景也要为这一概念服务，因此可以选择白色、淡粉色系的简洁背景。

室外拍摄时，农产品一般选择自然环境作为拍摄背景，可以选择大场景如农田、果园、农场、山峦、河流等，也可以选择小场景如草地、石块等，这些自然场景对于消费者对农产品的品质、新鲜度、品牌等印象均有积极影响。室外选择背景时要注意，背景应尽量简洁干净，物体明确清晰，在不影响整体画面协调的前提下，背景可以进行一定的创新。

室内拍摄时，因为光线不足，或补光设备受限，一般选用白色或浅色背景，可以使用白纸、白墙、白布等物品布置背景。此外可以借用一些室内常见物品作为背景，如桌面、花瓶等物品。

（3）场景布置

类似于背景，场景布置同样是为了拍摄目标而服务。背景选择的意义类似于奠定一种基调或者营造一种氛围，而场景布置可以给静态的照片赋予具有动感、故事性、韵律感的视觉体验，可以让照片更生动，更贴近生活。要时刻记住，场景布置是为了拍摄服务的，因此设计场景的时候要从拍摄角度考虑，其他角度不需要太多考虑，只要最终照片达到希望的宣传效果就可以。

在室内拍摄中，因为背景可以配合场景进行布置，因此场景布置非常灵活多变。先要明确拍摄主题，然后需要预设一个合理的场景，选择相关的道具，并放到合适位置。道具需要在色彩、体积、质感、位置上与农产品主体达到协调。

室外拍摄时，场景布置可以根据背景进行调整，比如，背景是果园，场景就可以设计为采摘特写；背景是蓝天、白云、绿叶，场景就可以设计为野餐。同时可以利用背景内的要素参与场景布置，如小石头、花朵、花瓣、绿叶、野果等物品，可以增加自然感，同时丰富照片的层次。

4. 拍摄技巧

（1）镜头角度选择

➤正面镜头

镜头位于农产品正前方。正面拍摄可以直接不加修饰地反映产品的外观、颜色和形状，最大程度地保证照片和产品视觉效果统一，不容易产生误导情况。当希望突出农产品本身某种特点时可以使用正面角度拍摄。

➤俯拍镜头

镜头居高向下拍摄农产品。作用与正面角度类似，可以展示产品顶部和正面的特点。同时俯拍还可以加强照片的层次感，让农产品看起来更立体，与场景结合更紧密，甚至可以营造特定的氛围。俯拍不意味着摄像机器需要垂直向下拍摄，有时候斜向下拍可能也会出现奇效。

➤仰拍镜头

镜头低于农产品高度拍摄。仰拍可以让产品在照片中更显眼，显得产品更高大，最终照片的视觉冲击力更大，让拍摄的农产品有一种占据整个镜头的感觉。可以在拍摄结果枝条"果实累累"、突出单个果实个头大等场景使用，让消费者能一眼关注到照片中的主角。

仰拍角度越大，这种放大效果越好，但是农产品本身的形状、大小都会被夸大，因此仰拍的时候，要在放大和夸大中间找到平衡点，只需要达到我们的目的即可，尽量避免因夸张的仰拍产生很多不必要的售后问题。

➢鸟瞰镜头

从农产品正上方拍摄，包括摄像机、无人机等，都可以进行鸟瞰角度的拍摄，但是对于拍摄技巧、场景布置要求较高。

鸟瞰角度与上述三种角度的意义不同，通常鸟瞰镜头拍摄的内容更多、场景更大。比如，拍摄农场、果园、大棚等大场景时，鸟瞰镜头可以把农场的植物和垄沟、果园的果树、一列列的大棚拍得有规律性、干净美观，这类照片对于品牌打造非常重要，因为在消费者心中，管理规范和品质保障常常可以划等号。

当然鸟瞰镜头不只能拍大场景，比如，我们希望打造的场景是规律摆放的各种农产品，也可以使用鸟瞰镜头拍摄，最终展现"规律摆放"这一场景，这是其他角度比较难做到的。

➢特写镜头

特写镜头指镜头拉近，聚焦于某一物体、某一特点，简单说就是"对着一个最好看的拍"。特写镜头在农产品拍摄中运用最多，可以更针对地拍摄果实的细节和纹理，将农产品的颜色、外观、质地、饱满程度等更好地展现出来。比如，拍摄石榴时，拍整个果实就看不到果肉，镜头离远了果肉细节就展现不清晰，特写镜头正好可以解决这些问题。

（2）打光技巧

➢正面光

从正面直接打光照射农产品。正面光可以清楚展示农产品颜色，同时正面光可以很大程度地削减阴影，所以农产品表面纹理会降低立体感，使整体质感偏向光滑、平坦。因此我们需要表现农产品质感光滑、色彩鲜艳时可以使用正面光。正面光还可以搭配其他角度打光使用，可以降低阴影感。

> ➢前侧面光

从稍微偏离正面方向照射农产品。前侧面光可以更清晰地展现农产品表面细节和纹理，突出质感和层次感，同时亮部也可以展现颜色。使用前侧面光时需要根据实际效果调整灯光角度和强度，从而把主体的亮部和暗部调整到合适的分布比例，可以使用反光板弱化暗部阴影。前侧面光是农产品拍摄时的常用光线，适用于大部分场景。

> ➢侧面光

从左侧或右侧方向朝农产品打光。这种打光方式明暗变化明显，相比正面光和前侧面光，主体结构更明显，能够提供更强的立体感。

> ➢后侧面光

从后侧面朝农产品打光。因为光线从后方照射，可以突出主体的整体轮廓和边缘线条，类似于使用光线沿亮部边缘勾勒。这种打光方式可以强化主体的存在感，甚至某些情况下可以让照片呈现出戏剧感。

> ➢逆光

从正后方朝农产品打光。对于不透光的主体，和后侧面光作用类似，也是突出主体整体轮廓和边缘线条，但是逆光的运用一般少于后侧面光。逆光更多是针对如果肉、果汁、菜叶等透光主体，希望表现其通透性强的时候使用。

➢顶光

从上方垂直或接近垂直照射农产品。这种打光方法看起来更自然、柔和，同时也能突出产品的光泽。所以希望表现产品自然生态、清新干净、贴近生活的状态，或者拍摄高端水果应用场景时可以使用，且常用于多产品组合场景。

（3）构图技巧

➢居中构图

把农产品放在画面正中央。这可以起到聚焦视线的效果，同时展现农产品主体整体的美感和对称性，给人一种稳定、庄严、正式和均衡的视觉效果。居中构图常用于单个农产品主体拍摄构图，尤其是本身形状对称的农产品主体，如橘子、苹果、南瓜等。但是过度使用居中构图可能导致画面显得呆板和平庸，因此即使居中构图好用，也还是要避免店铺图片都是居中构图的形式。

➢垂直构图

通过强调主体的竖向线条，或使用竖向线条辅助画面，从而视觉上延长高度、长度。或者通过物品的堆砌形成竖向线条，增加照片的丰富程度和深度。垂直构图在拍摄长形或者堆叠物品时可能会使用，比如，挂在枝头上的一大串葡萄，堆叠成一摞的柿饼，或者排成一列一列的鸡蛋等。

➤水平构图

通过把农产品放到画面的某一水平线上，如桌面、平台上，或者把多个产品排出横向水平线，从而给人带来稳定、平静的感觉。一般水平构图的水平线都是位于正中间，但可以根据拍摄目的调整，比如，为了更多突出天空，可以让水平线靠近照片下方。单一的水平构图也容易让人产生平淡的感觉，因此在使用水平构图拍摄时，可以通过背景布置、引入其他线条、多个水平线重复等方法避免画面过于死板。

➤三角构图

将三个或以上的农产品排列成三角形。三角构图效果十分多变，比如，把三个橘子摆成正三角形，画面就会给人稳定、均衡的感觉；但如果打乱这三个橘子，形成了斜三角形，又会让人感觉画面自然、灵动、多变；如果摆成倒三角形，就会给人带来不稳定的视觉感受。在使用三角构图时，要注意这三点可以是明显的物体、线条的交点或是通过其他构图技巧创造出来的视觉中心，同时三角构图要注意避免因为要素过多而导致画面杂乱。

➤对称构图

对称构图是围绕画面中心点或中心线，把农产品排列成对称形状，最终照片可以形成上下对称、左右对称、斜向对称和全面对称等对称图形。这种构图方式可以带来平衡、稳定、和谐的感觉，使得画面更具有设计感和秩序感。除了物品、摆放等对称外，还可以通过调整光线、色彩和色调等因素，增强画面的对比感或者层次感。当拍摄时，如果觉得居中构图过于死板，不妨试试增加一个或多个农产品，构成对称图像，说不定不仅省力还有奇效。

➢对角线构图

对角线构图是一种引导性很强的构图方式，通过利用画面中的对角线线条，将主体安排在这些线条的交点或线上，可以为照片带来巨大的动感的延伸感。对角线构图在运用时可以尝试不让安排好的这条"线"正对着照片的两个角，照片就会显得更自然、不刻意。对角线构图也需要注意，尽量保证画面的简洁和稳定，避免要素过多而显得杂乱。

➢框架式构图

通过使用前景或框架"框"出农产品主体，从而突出主体并增加层次感。这种构图方式比居中构图更能吸引视线。可以强调农产品主体的存在感，聚焦目光，并且画面不会死板且具有新鲜感。框架式构图使用时需要注意框架和主体之间的关系，框架的形状、大小、位置、质感都会影响主体的突出程度和画面整体效果。一般来说，使用框架构图要避免框架过于空洞或者画面过于拥挤，可以适当使用其他物品来协调框架和主体的关系。

（4）后期处理

照片的后期处理建议学习并使用如 Adobe Photoshop、Adobe Lightroom 等专业软件，对于希望长期从事农产品电商行业的读者来说，掌握一门专业的后期软件，就可以自己完成照片后期、海报制作、抠字抠图等简单操作，避免很多不必要的费用支出。当然如果是未来商业规划中可以招募专业人士来进行后期等操作的读者来说，初始阶段可以使用更亲民、简单的修图软件，达成效果即可。此处以 Adobe Photoshop（简称 PS）为例，展示常用的几种后期处理的实现方法。

色彩调整：包括亮度、对比度、饱和度、色调等调整方向。由于拍摄设备、光线等限制，最终照片色彩可能与肉眼观看具有一定的差异，所以为了还原色彩或者更贴近拍摄目的，我们在后期处理中需要对色彩进行调整。PS 中选中需要编辑的图层后，在窗口顶端选项卡中点击"图像—调整"即可看到可调整选项（见图 3-10）。

图 3-10　"图像—调整"选项

添加水印：通过添加品牌 LOGO 或者商家名称水印，从而保护版权，防止其他商家盗用照片。添加文字水印可以直接使用 PS 文本功能，在 PS 窗口左端工具栏中点击"T"形文本工具（见图 3-11），再点击图片上需要添加文字的位置，即可创建文本框，输入文字后按下回车键"Enter"，即可创建文字图层。

图 3-11　"文本工具"选项

可在右侧的字符面板中修改文字的大小、颜色等（见图 3-12）。

图 3-12　"字符面板"选项

选中文字图层，即可调整该文字的透明度，形成水印的效果（见图 3-13）。

图 3-13　"文字图层"及"不透明度"选项

剪裁和旋转：农产品拍摄时，拍摄角度和距离可能没有办法完美展现，在后期软件中可以再次调整"镜头"，通过剪裁和旋转重新构图。

裁剪可以在 PS 窗口左端工具栏中点击裁剪工具，图像会出现裁剪框，拖动即可裁剪（见图 3-14）。

图 3-14　"裁剪工具"选项

旋转功能需要在 PS 中选中需要编辑的图层后，在窗口顶端选项卡中点击"图像—图像旋转"即可看到旋转选项（见图 3-15）。

图 3-15　"图像—图像旋转"选项

输出设置：照片后期调整完成后，需要根据电商平台的图片上传和使用规则来决定输出新照片的大小、格式，这个功能也可以用来转换照片格式。

照片编辑好后可以在 PS 窗口顶端选项卡中点击"文件—导出—导出为…"（见图 3-16）即可弹出照片输出设置窗口，设置好大小、格式等信息后点击窗口右下角"导出"即可选择文件夹保存（见图 3-17）。

图 3-16　"文件—导出—导出为…"选项

图 3-17　输出设置窗口及"导出"选项

5. 农产品发布

商品发布是电商店铺最基础的内容，要想开店必须要掌握商品发布方法。不过不需要担心，只要我们前期资质证件准备完成并上传，那么商品发布不过是动动手指的事情。

➢商品主图

主图准备最快的方法就是去学习别家销量好的商品，看看他们的主图是怎么拍摄的。一看主图分别从什么角度拍摄，二看最终拍摄效果，三看怎么给主图打标。在自己做的过程中需要考虑拍摄手法是否应该根据自家农产品调整，图片风格是否符合自家农产品。需要注意的是，商品主图的色调、风格尽量统一。图片尽量不要有加工痕迹，如剪裁、拼接等。通常几张主图分别从不同角度拍摄以展示农产品。

➢文案准备

包括商品标题、简介、详情的文字内容。标题对于商品搜索结果很重要。不同平台的标题选词办法不同，但均类似。对于淘宝商家来说，可以在千牛工作台点击左侧"数据"选项卡，在生意参谋中搜索"选词助手"，就可以按需求搜索标题应该加入的关键词。对于京东商家来说，可以尝试搜索然后根据下拉关键词看排名、分析同行标题、京东快车等途径选词。

➤基础信息

基础信息应包括商品的品牌、含量、包装、食品安全等相关内容。基础信息需要真实准确，错误的描述可能导致消费者的误解或不满，从而产生售后服务情况，甚至可能涉及虚假宣传。

➤产品定价

对于非拍卖的商品，商品链接定价通常选择一口价的方式。发布商品时的一口价定价可以理解为"原价"，尽量避免发布后再修改商品一口价，否则容易导致消费纠纷，出现售后退差价等意外情况，也有可能导致商品链接的权重降低，导致搜索这类商品时自家商品排名下降。因此一口价就按"原价"定价，需要打折的时候通过其他方式降价。

➤运费模板设置

物流模板设置可以设置首件和续件的费用，也可以设置某些地区包邮。所有平台都可以在商家后台设置运费模板，淘宝可以在千牛工作台点击"交易"选项卡，选择物流工具即可看到物流模板设置选项。京东则可以在"商家后台—我的配送—运费模板（新）"处创建物流运费模板。拼多多可在拼多多"商家后台—发货管理—物流工具—新建运费模板"处创建物流运费模板。

建议新商家在商品定价时考虑运费成本，运费模板设置为部分地区包邮，不包邮地区按物流合作价格标价。一般来说常见不包邮地区为新疆、西藏、内蒙古、青海和甘肃，不过这需要根据农产品类型、发货地点和成本综合考虑最终的不包邮地区。

➤发布第一款商品

做好商品发布准备之后，就可以开始实操上货了。各平台在商家后台均可以找到"发布宝贝""发布新商品""发布商品"等选项，点击后根据页面引导填写相关信息即可发布。此处以淘宝为例，淘宝商家可以点击千牛工作台"商品"选项卡，点选"发布宝贝"即可跳转发布商品界面。除了商品发布准备提到的内容外，还需要填写或勾选商品类目、保障信息等内容，全部填写上传完成后，就可以马上发布或定时发布商品了。

● 网店宣传

在店铺开店并发布一定量商品后，我们就可以正式开始运营店铺了。大家都知道，传统实体店铺的选址很重要，这是因为不同位置的流量是不同的，同样的店铺，单是流量就能一定程度决定销量。放到网店上也是同理，网店运营的口号从来都是"流量为王"，一切的营销推广都是为了吸引到更多流量。而流量转化为销量的转化率，则是在建立基础流量后，需要慢慢调整、优化、提升的内容。因此营销推广的实现显得十分重要，传统店铺只需要在外面贴个广告、放个广播宣传，就可以吸引到很多客户。而网店，尤其是不太会使用电脑的店主，很多营销活动的想法都卡在了怎样落地这一步。因此这一节就讲怎么通过电商的玩法实现现实中常见的营销活动。

1. 优惠促销

准备产品定价时提到，商品链接的一口价是我们能不动就不要动的内容。但是开展营销活动时，又需要对商品进行打折、满减等促销时，该怎么实现呢？平台的店铺活动功能就可以实现这个诉求，各平台在商家后台都有活动设置的功能，如某一个商品打折就是通过活动设置时选中单个商品链接实现的。

一般各平台活动和优惠券等促销设置都设置在"营销"板块内。如淘宝商家优惠券和促销活动都在千牛工作台"营销—营销工具—工具列表"中，这些工具能够实现打折、满减、附加赠品等实用功能。对于单品促销来说常用的是"单品宝"和"店铺宝"，点击进去就可以根据引导设置活动。设置活动时要注意，一个活动可以加入多个商品链接，不同链接加入后可以共享活动。比如，满2件打7折的活动，加入一个苹果链接和一个芒果链接，那么我买一件苹果加一件芒果也能享受7折。商家可以利用这一点实现某些商品参与同一个促销活动，同时也要注意不要偷懒将多种商品全部归到一个活动内，避免产生意想不到的超低折扣。活动设置时还需要反复检查核对活动时间设置，比如，某限时抢购活动，如果时间区间填写错误，很容易就导致店铺亏损。除店铺活动外，商品的促销降价还可以通过店铺优惠券、商品优惠券的形式实现，这也是在营销中常用的方法之一。

对于店铺来说，优惠券对于新客户的吸引能力更强。对于"买一送一""两件八折"这类活动，消费者都已经十分了解了。而优惠券，对于有兴趣点进店铺的客户，都会抱着"不领白不领"的心态随手就领了。这就是店铺装修时优惠券一般排在商品之前的原因。而且消费券也有一定的可操作空间。比如，某店铺卖水果冻干，单价比较高，基本都在 50 元及以上，那么可以设置一个新客可以领取的满 10 元减 9.9 元甚至满 20 元减 16.8 元的店铺优惠券，一个新客随手点击领取了这样的优惠券，自然想买些商品尝一尝。对于商家来说，由于店铺最低价的商品都高于 50 元，客户使用优惠券后到手价也不会太低，能够收回成本，同时吸引到很多新客户，绝对是只赚不赔的买卖。但是对于促进老客户消费、专题营销活动等来说，店铺活动还是不可缺少的，同时店铺活动对新客户同样具有一定的吸引能力。

优惠券可以分为普通优惠券和裂变优惠券，普通优惠券还分为店铺券和商品券。店铺券和商品券就是针对整个店铺或者某些商品的优惠券，而裂变优惠券是新型的优惠券，有点类似于拼多多的社交电商粉丝裂变模式，即老客户需要分享给几个人点击才能领取到优惠券，而新客户帮忙点击也可以领取优惠券，从而实现店铺粉丝的增加。

2. 店铺 VIP

要是说店铺的新客户是潜藏在市场和流量中的潜在客户，是店铺的未来和潜力，那么店铺已有的老客户，他们对店铺已经建立了一定的信任关系，很大一部分的店铺收入都是由老客户贡献的，老客户就是店铺的基石。一个网店的运营不仅要想方设法吸引新用户，同时还需要给老客户更多优惠、让利和关怀，从而留住他们。

很多实体店已经有自己的套路用来增加老客户粘性，包括会员卡、积分卡等。网店也有实现这种维护客户的途径，那就是店铺会员（店铺VIP）。平台的 VIP 或者会员是针对平台所有商家商品的，店铺自己设置的会员级别则是只针对在本店铺消费过的客户。店铺会员也同样可以实现实体店的入会礼包、会员专享优惠券、会员积分、积分兑换、会员等级折扣等促销方案。大多数平台会把会员设置归类到"用户"或"营销"板块中，在商家后台找到这些板块即可开通会员系统。

会员设置一般有门槛、等级、优惠、会员相关界面等要素。门槛一般可以设置消费金额或者消费次数作为加入会员的门槛；店铺 VIP 等级也可以自己调整，可以设置 VI1、VIP2 甚至更高级；不同平台会员专享的优惠设置方法可能会有差异，目前淘宝店铺会员不要求店铺等级，是在"会员运营"中的客户运营平台里设置，其他平台可能会要求店铺达到一定等级才能设置会员体系，一般在专门的会员设置界面或者商品上传编辑的时候可以根据会员等级调整优惠方案；除此之外，和店铺会员相关的界面设置还有首页的"会员专区"，可以引导新客户加入，并让其看到加入后可享有的优惠折扣。

网店在会员设置和调整的时候需要注意几个点，不然很有可能好心办坏事。一是对于成本较高或者本身定价已经很低的促销商品再或者是店铺尝鲜新品等，如果不希望再叠加会员折扣，那么在商品设置时一定要选择不参与会员折扣，避免产生损失；二是如果已有会员，并且店铺需要调整会员各级别门槛，注意最好选择"会员级别只升不降"，则可以做到已有的会员不会因为设置调整而损失会员级别，并造成不良的影响。

3. 群聊的创建和运营

目前常见的电商平台大部分都有店铺群聊或会员群的做法。可以想一想，商家固然可以不断推出营销促销活动，但是促销从本质来说还是商家通过让利从而吸引新客户或者留住老客户，群聊却可以通过极低的成本实现同样的效果。从商家角度出发，群聊里面可以实现发红包、发群聊优惠券、聊拼团等功能；而从客户的角度出发，他们可以在群聊中分享买家秀、日常闲聊等，相当于商家给客户创造了生长的"土壤"。只需要日常运营好，就可以实现老客户引导新客户，通过客户之间的关系增加客户粘性等效果。同时，淘宝群聊也相当于是把平台的公域流量转化为自家店铺的私域流量，能够直接精准触达目标客户群体。最终实现客户的高度互动性、活跃性和忠诚度，从而促进流量到销量的转化。

群聊，商家耳中应该经常能听到这个词，但是可能由于各种原因，无论是不知道怎么创建群聊，还是不知道怎么运营群聊，商家最终没有重视或者运用起群聊这个功能。实际上群聊是网店相较实体店的一个极大优势，运用好了完全不亚于平台其他营销工具。但是不同类型、不同平台开通群聊的要求不同，需要查询所在平台开通群聊的要求。

淘宝群聊的创建入口可以在千牛工作台私域—淘宝群—群组管理中找到。淘宝群聊目前分为直播群、普通商家群、快闪群等，不同的群的创建要求也不同，选择需要创建的群聊类型即可。京东咚咚群聊创建需要用主账号登录客服管家—咚咚群管理—群组管理—创建群聊。抖音的群聊则通过粉丝群的形式实现，打开抖音创作者中心—创作者服务中心—我的直播—主播中心—粉丝群即可创建，抖音粉丝群可以直接显示在账号主页的商品橱窗旁边。

● 网店运营

开店，目的就是赚钱。运营其实就是为了提高销售额，在电商中销售额有一个简单算法：销售额＝流量×转化率×客单价，利润＝销售额－成本，所以运营，就是从流量、转化率、客单价、成本入手，其他技巧都只是锦上添花。

1. 流量和用户管理

（1）管流量

店铺的流量来源可以分为三种，分别是站内自然流量、站内推广流量、站外推广流量。站内自然流量可以理解为免费获取的流量，获取需要一定的技巧。站内推广流量、站外推广流量大部分都是付费流量，需要商家购买一定的服务才能获取。

➤站内自然流量

站内自然流量主要来源是站内商品搜索，也就是消费者根据自己的需求在平台内搜索关键词检索出来的商品，消费者发现感兴趣的商品并点了进去，对于这个商品和店铺来说就叫自然流量。

影响自然流量的主要因素有两个：一个是商品排名，另一个是商品主图。

商品排名取决于商品的权重，"权重"这个词比较抽象，实际上权重是平台使用一定的算法，综合商品的关键词和简介等文案、点击率、收藏量、销量、店铺情况等因素计算出来，最终决定商品排名的东西。对于新商家来说，点击率、销量、店铺情况本身就是劣势，那么提升商品排名的最好方法就是在编辑商品的标题时，尽可能地使用高频关键词、热度高的关键词，这样能够在短期内提高一定的权重，同时为每一位进店的客户提供最好的服务，保持商品和店铺的好评和回购，能够长期稳定并提升商品排名。

那万一网店的商品排名在前面，但是没人点进去购买怎么办？这就要说到商品主图的重要性了，商品主图是消费者搜索出来后能够最直观看到商品情况的唯一途径，也是决定自然流量转化率的重要因素。主图要一眼看出商品是什么，比如，卖苹果的网店，苹果就要在主图中突出。主图还需要简洁直接地体现商品卖点，比如，卖点是新鲜就要标

"现买现摘"，卖点是甜就要标"包甜"等。商品优惠一般在主图下方简短标明。主图还需要根据使用情况不断优化，比如，消费者关心的，点进来常问的问题，能否在主图中标出，以上这些都是能够直接提升商品自然转化率的手段，其实在主图设计中，有一个取巧的办法就是学习同类头部商家的做法，再结合自己的情况来使用。

➢站内推广流量

电商平台通常除了自然流量外，还会给商家开通"购买流量服务"的渠道，费用计算方法包括但不限于按点击量算钱、按展示次数算钱、商品设置佣金等方式。

不同平台的购买推广服务名称不同，以淘宝为例，淘宝站内付费推广常见的服务有淘宝直通车、引力魔方、淘宝客等，这些都可以在千牛工作台"推广"中找到入口并开通服务。其他平台的推广服务功能通常会归类到"推广"相关板块。

淘宝直通车是淘宝商家最常用的一种推广服务，它是根据点击量来计算费用的，直通车吸引流量的方式就是平台直接提高商品的关键词搜索排名，并且给商品打上精准的流量标签，因此搜索到此商品的人会是精准的客户群体。总之就是要提高搜索排名和流量精准度。无论是直通车还是其他平台的同样逻辑的推广服务，从商家角度出发，如果想要回本盈利，那么就要保证点进来的客户大部分都会喜欢本款商品，并且很大概率会产生购买行为。当然商家也可以把这种推广服务当成测试某款商品是不是有成为爆款的潜质，或者测试主图是不是足够吸引人等。购买这类服务可以给商品链接冲销量，再反过来提升商品的自然流量。

淘宝引力魔方的推广服务就是另外一种逻辑。要说直通车是被动让流量涌入，那么引力魔方就是主动把商品展示给消费者看，通常展示在电商平台首页，从而吸引消费者点击和购买。这类推广服务收费方法一般是按展示次数收费，主要是为了确定某一商品是否具有成为爆款的潜质，经过测试确定主图和标题足够吸引人之后，用来冲销量和提高商品权重的推广方法。

淘宝客现在又叫淘宝联盟。"淘宝客"可以想象成平台的销售员或者导购员，他们推广销售商品，电商平台给他们分佣金。因此这种推广服务是使用佣金的方法进行付费的，也就是说不产生消费，就不需要付费，有销售则需要按比例支付费用。淘宝客实际上不一定在淘宝站内推广，其渠道十分多样，常见的有各大社交平台、推广网站等。一般淘宝客这类推广服务，是在需要短期内冲巨大销量的情况下才会使用，可以提升商品销量排行，但是对于商家来说，需要把价格压到不赚钱时才能"跑得动"，除非利润率很高，商家才可以通过这种方法持续高效的盈利。

各平台推广服务的内在逻辑基本一致，只需要了解推广原理和收费方式就可以一定程度上沿用推广服务的使用方法。

➤站外推广流量

站外推广流量其实就是从电商平台外直接吸引流量到店铺内，这种推广途径就十分多样了，可以是投广告、打造店主个人 IP、体验式引流等。

常见的投广告一般以软广为主，就是通过让一些网红、博主写购买体验、评宝藏店铺等方式推广，然后给予一次性广告费用或者一定比例的佣金。打造店主个人 IP 通常会结合品牌 IP 的打造，就是通过店主自己的个人魅力，或者品牌蹭热点营销等方式，吸引到一定的粉丝，这种方式的好处是粉丝粘性较强。除此之外还有很多不同类型的站外引流途径，商家可以去创新和探索。

近年来很多品牌都十分重视互联网营销，就是大家意识到站外流量是十分巨大的，而且往往吸引来的人都是抱着尝鲜或者支持的心态来的，成交率很高。

（2）管用户

流量是很重要，但是只有流量还不行。用户运营在网店运营中也占有重要地位，毕竟客户才是"上帝"。用户运营可以分为拉新、促活、留存、升转化、提价格、电商的"千人千面"六个方面。

➢拉新

拉新就是指吸引新客户，新用户具有强大的购买力，因此拉更多的新用户意味着可以扩大销售规模，从而提高销售额。拉新可以概括为两种方法，一种是靠推广拉新，另一种是靠"老带新"。

推广拉新，又可以分为站内推广和站外推广，实际上方式与吸引流量相同，站内可以通过提高店铺权重、购买平台推荐等方式开展，站外推广则是通过在站外社交平台如小红书、微博等投放广告或者创作内容，从而吸引到新的粉丝。"老带新"则有店铺群聊、分裂优惠券等方式。店铺可以创建店铺群聊，把电商平台的公域流量转化成私域流量，客户可以通过群聊不断纳入新客户、推荐新客户，从而实现"老带新"。分裂优惠券则更直接，老客户可以通过把优惠券分享给其他人，新客户可以直接获得优惠券，而老客户在分享达到一定的人数后，可以获得大额优惠券，从而通过优惠券实现"老带新"。

➤促活

提高客户活跃度、参与度，目的就是让店铺反复进入客户视野中，以提高店铺存在感。对于已经吸引到的客户，如果不持续地通过营销、促销等方式进行刺激，提高存在感，客户会逐渐流失。

促活有多种方法，比如，优化用户购买体验，客服可以定期回访老客户，根据客户反馈，贴心地优化产品，提升产品和服务，从而提高用户粘性；经常搞一些有趣且参与感强的活动，如投票、限时抢购等；建立店铺社群并有效运营，用户可以交流沟通购买体验；店铺或者品牌的装修、社交帐号等经常更新，可以跟紧网络热点制造话题。

➤留存

留存就是指让客户持续关注店铺，加强店铺和客户的联系，从而实现不断复购或者购买新品。

留存客户的方法有：建立会员（VIP）体系，并且赠送入会礼，享受会员等级折扣等；建立店铺社群，提升客户留存；可以给客户推出一定的个性化、定制化服务，实现与其他竞争对手的差异化竞争；优惠促销活动对于客户留存也是不能少的，消费者需要不断地受到"低价"

刺激，当然"低价"是否是真的低价，商家是有一定操作空间的；店铺不断推出新品也是客户留存的有效手段，因为所有人对新的商品、体验都会好奇、有兴趣。

➤升转化

转化就是指商品成交转化率。转化率概念比较宽泛，大致指购买的人占浏览过店铺、商品的人的比例，又可以细分为静默转化率、咨询转化率、加购转化率以及其他的细分转化率等，不同的店铺可以根据需求统计不同的转化率，并针对不同的细分转化率提出提升方法。

静默转化率：指只看商品详情页和评论等直接展示的内容，默默地在商品链接点击购买的转化率。静默成交的客户很大一部分是回购客户或者游客。因此要提升静默转化率的最直接渠道就是优化展示页面，商品上架的时候信息需要写清楚、写全面，主图需要全面展示商品内容。展示内容一定要准确，游客的静默成交如果发生货不对板的情况，很可能会产生售后问题。

咨询转化率：一般指通过客服咨询商品相关信息后成交的转化率。咨询转化率的提升要从客服团队入手，比如，提升客服团队的专业水平，需要为客户提供友好、亲和、及时、专业的服务。从店铺来看需要建立一个咨询流程体系，比如，提示咨询客服入口，客服人数合理，从而缩短客户等待时间。可以给客户提供一定的个性化服务，如商品套餐定制等。建立服务反馈机制，及时收集和处理用户反馈，并依据结果不断优化店铺服务。

加购转化率：指浏览商品界面后点击加入购物车的转化率。客户把商品加入购物车一般是在犹豫选择，或者觉得价格不够低想要等待促销，但是无论如何，加入购物车后，客户就有更大概率选择购买。提升加购转化率相对于直接提升成交率要更容易，因为加购行为本身"不花钱"，因此提升加购转化率有可能会对店铺销售起到事半功倍的效果。提升加购转化率的方法有：优化商品展示界面，这一点和提高静默转化率相同，要求展示内容全面、简洁、精准；优化商品SKU，就是一个链接内可以选择的商品种类，一般是设置颜色分类或者图样分类，SKU过多可能会引起客户的"选择困难"，所以SKU的数量一般是3~5个，设置的时候可以考虑商品组合优惠的选项，这有利于提高客单价；除此之外，店铺服务、品牌口碑等也会影响加购转化率。

➤提价格

这里的价格指客单价，就是购物的客户平均每个人消费了多少钱。从店铺角度出发，我们运营出来的每一位客户都是有均摊运营成本的，因此不一定是销量越高就越挣钱。一个店铺每位客户赚10元，另一个店铺每位客户赚100元，第二个店铺的盈利效率肯定就更高，从每位客户赚10元变成赚100元，就是提高"客单价"可以做到的。

对于刚开始运营的新店来说，客单价提升的优先级可以先降低，因为网店一开始都是通过跑量来提升口碑和增加客户量的。但是如果我们在店铺具有一定销量之后，觉得不赚钱，这时候就要想起提高客单价这回事了。

有些商家可能觉得，客单价很简单，所有商品涨价就能提高客单价了。那么有没有想过直接涨价可能让好不容易才积累起来的店铺口碑和客户群体轻易流失呢？尤其是对于农产品类商品来说，价格的变动对口碑的影响非常大。所以我们需要提高客单价的时候，最好的结果是让客户付出更高价格，同时还觉得自己买得值。要想做到这样的结果，涨价的方式是非常重要的：最常见的就是促销活动，比如，第二件半价、买二送一这样类似的买得越多省得越多的活动。购物节常用的满减、加钱换购等也属于这种思路，虽然常见但是很好用。再者可以通过提高产品附加值的方式来涨价，比如，卖鲜花可以定制贺卡、定制鲜花品类，老产品换高档包装、分装、加量装等。还有就是关联、捆绑销售，可以通过产品搭配使用、组合销售等实现，比如卖鲜果，客户觉得买一种不够吃，买几种又吃不完，我们可以针对这种痛点设计一种营养搭配均衡的组合装，即一份里包含几种鲜果，并分配好每天的量，在保鲜期内食用完即可，这样既满足了消费者需求，同时也能提高客单价。

➢ 电商的"千人千面"

电商的"千人千面"其实是电商平台通过大数据和算法实现的个性化推荐技术，其原理就是平台先识别买家的标签，找到和买家标签相似度最高的人群，再根据该类人群的数据向这个买家推荐其感兴趣的商品。"千人千面"一定程度上会改变以前唯"销量"论的商品排序逻辑。目前主流电商平台几乎均有应用类似的个性化推荐算法。因此了解并运用"千人千面"的特点，可以让商家更容易找到稳定的客户群体。

说到"千人千面"就不得不提到标签，其实这种个性化推荐原理就是匹配一个又一个的标签，可以分为用户标签、店铺标签、商品标签三种：用户标签是对平台上每一位个体消费者的特征和行为进行数字化、标签化的描述，基于用户的购物历史、互动行为、个人信息等因素生成，可以刻画出用户的个性化需求和偏好；店铺标签是电商平台对各商家店铺进行属性分类和特征标注的结果，用于反映店铺的核心业务方向、商品特色、服务水准以及目标客群等关键信息；商品标签可以理解为店铺标签的下级标签，可能精确到商品的具体属性，如基础属性、适用年龄、消费层级等。

当了解了标签之后，就很好理解"千人千面"了，比如，店铺的商品是车厘子，算法会根据车厘子商品标签，推送给消费能力较强的用户群体。标签匹配程度越高，用户搜索商品的时候，商品排名将会越靠前。

那么我们要利用"千人千面"，有以下四点需要注意：第一点是店铺创建、商品上架时，选择的经营类目、商品类目一定要准确，这决定了商品的初始流量推送。比如，本来是卖干辣椒的商家，为了蹭"休闲食品"类目的流量，故意选择了休闲食品类目，结果就是走错了"考场"，标签匹配"休闲食品"类目的客户对干辣椒没有丝毫兴趣。第二点是商品上架时商品属性尽量填写完整。比如，商家上架了一款蔬菜干，目标客户群体是注重养生的年轻人，但由于疏忽，商品基础属性很多都留空了，那么即使蔬菜干是匹配注重养生的年轻人的标签的，平台也不会给这个商品高权重。第三点是商品链接引流不能滥用低价SKU。比如，很多店铺想要提高自家销量和点击率，在一个本来是高客单价的水果商品链接里，增添了一个"低价保温箱"的SKU，相当于打破了"高价"标签，当然如果商品本身就是低价定位的影响会小一些。第四点是店铺的风格、商品价格尽量统一。因为这是形成稳定的店铺标签的基础，如果店铺标签不稳定，平台推荐给的用户人群也会非常不精准，那么店铺的销量、销售额就会不稳定。

（3）爆款——用户和流量密码

爆款是我们在做电商时经常接触到的一个概念，爆款其实就是卖得很好、人气很高、销售额很高的一款商品，也就是爆款本身流量很高，同时流量占店铺总流量比重大。但是为什么那么多店铺想要"打造爆款"呢？实际上打造出一个爆款，给店铺带来的远不止这一个爆款所带来的销售额，还有其他好处。一是可以引流并提升店铺新用户数量，单个爆款能带动很多买家收藏、关注店铺，或者直接下单店铺的其他商品，实现带动店铺其他商品盈利的效果。二是爆款能够拉动店铺的总销量和提升信誉度，提高店铺的口碑、评分和排名，同时对于品牌的打造也具有重要意义。三是爆款可以让店铺的商品库存流动起来，避免商品积压产生的压力。目前"打造爆款"其实已经形成较成熟的流程体系，本节就来探索和学习如何为店铺打造一个爆款吧。

➢市场分析

市场分析是爆款打造的背景了解，可以分为行业分析和竞争对手分析。在决定开店前经营者应该已经进行过一定的行业了解和分析，对于自己农产品类目的特征和趋势具有一定的认知基础，因此此处以竞争对手分析为主。竞争对手分析的主要目标是和自己店铺同类目的其他店铺，需要分析的因素包括店铺营销策略、店铺装修、爆款选品、商品选品、定价策略等。在这一步经营者可以善用平台本身的分析工具，比如，京东的关键词排名、店铺排名、系统关联，淘宝的生意参谋等。可以找到和自身店铺层级相近、情况相近的店铺，并将其作为竞争对手。同一阶段的竞争对手之间是有很多共性的，如果盲目地去学行业类目排名前几的店铺，反而可能误入歧途，因为自身店铺和顶尖店铺面对的机遇和挑战都不同，爆款策略自然也会有区别。

➤选品

爆款商品的选择，是打造爆款的最基础工作。选品一般要求符合大众接受度高、符合店铺主要经营类目、价格适中、库存或供应充足且应季的农产品。有人认为爆款既然要"爆"，价格就应该尽可能低，实际上这是钻了牛角尖。爆款定价过低不仅本身不能给店铺带来收益，甚至会给店铺带来低价、劣质的负面印象，同时也限制了爆款中后期的打折等活动力度，以及爆款后期的转型。还要注意，将要打造爆款的商品一定要确定供应商或本身库存足够，否则物流、库存跟不上爆款的销量，会造成大量订单流失，对于店铺口碑、信誉的打击不堪设想。农产品爆款一定要关注是否应季，反季水果打造爆款本身就不符合市场逻辑，比如，在冬季要把西瓜打造成爆款，就没有多少消费者愿意去"以身试险"。选品达成以上基础要求后，基本上能达到很不错的销量，但是对于小店来说，这样的商品可能还不足以打"爆"，最好对比竞争对手能形成差异化优势，比如，品牌联名、美观的包装设计、独特的食用方式等。

➢测款

选品的要求明确了，但是店铺有很多种商品都符合选品要求，都能打造成爆款吗？比如，符合选品要求的一款芒果干和一款草莓干，有可能两款同时打造，但只有草莓干成为了爆款。其实只需要一定的测款就可以知道哪些商品更具有爆款潜质。测款对于电商店铺来说，就是把符合爆款选品要求的商品同时上传店铺，尽可能控制其他影响因素，如营销推广活动、广告推广等。让这些商品处于相同的市场环境下，然后对比它们的点击率、转化率、好评率、关注量、销量等，根据店铺实际情况来选择一款表现最好的商品作为爆款选品。

➢商品优化

优化可以从商品的上架时间、商品标题关键词、主图打标、详情页布局、店铺服务等方面着手。商品上架可以选择在目标客户群体活跃时间段、平台用户活跃高峰、推荐流量高峰等时间段进行。商品标题关键词优化，可以通过生意参谋、京麦等各平台工具查找高访问量的关键词，然后确定一个核心关键词，再根据高访问量的关键词进行组合形成标题，注意选词不能太宽泛，需要精准描述商品并避开同类竞争对手。主图和详情页需要简洁明了且人性化。店铺可以为爆款开通更多的支付方式，做好售前售后和物流服务等。

➢营销推广

爆款做好商品优化后，可以正式开始营销推广、引爆爆款了。营销推广可以分为活动和广告。日常为店铺引流的活动也适用于爆款的打造，在为爆款做活动推广时，可以在店铺主页或者搭配广告进行活动预热，尽可能让更多客户了解活动，最大化活动推广的效果。而爆款的广告推广以平台内的推广渠道为主，淘宝站内常见的付费推广有淘宝直通车、引力魔方、淘宝客等，京东常见的付费推广有京选展位、京东快车、京东直投和京挑客等。

➢持续监控维护

在爆款开始推广和后续活动中，店铺需要随时监控后台数据，根据显示的数据及时调整和优化爆款商品。后台数据可以分为引流数据和交易数据分析：引流数据包括展现量、点击量、浏览量、访问次数、平均停留时长、跳出率等，交易数据包括转化率、客单价、客户群体、客户来源占比等。

2. 店铺权重和层级

权重了决定店铺在平台展现给用户的排名。如果我们希望店铺在平台搜索时能够在排列更高的名次，就需要在店铺运营中融入提升权重这个目标。权重提升的最大作用，就是增加店铺的站内自然流量，而不用依靠投放广告、流量的方式获取点击量和销量，这才是店铺硬实力的体现。

平台对于"权重"是没有给出标准定义的，因为同时涉及的因素很多，并且计算也十分复杂，因此很难去精确衡量，但是众多电商从业人员经过实战总结出了对店铺权重有影响的因素：店铺等级、店铺层级、店铺 DSR（动态评分）、店铺上新率、店铺违规降权行为、主营占比、店铺好评率、店铺纠纷率、店铺动销率、店铺滞销率、店铺高质量宝贝占比、参与公益宝贝、7 天无理由退换货、退货运费险、蚂蚁花呗、信用卡支付、订单险、账期保障等。本节对于权重影响较大的因素进行解析。

（1）店铺等级

每个平台对店铺等级的划分不同，此处以淘宝为例，可以在淘宝网进入"千牛卖家中心"（见图 3-18）或直接使用千牛工作台，再点击"店铺信息"（见图 3-19），即可在界面右侧看到店铺评分和店铺信用等级（见图 3-20）。

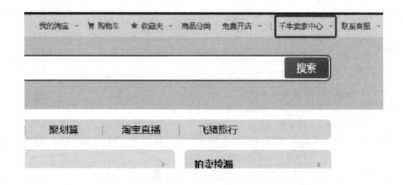

图 3-18　千牛卖家中心

图 3-19　店铺信息

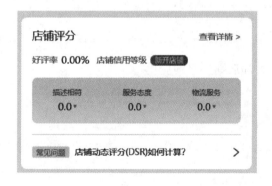

图 3-20　店铺评分和店铺信用等级

淘宝店铺等级有 4 个等级，分别是星级、钻级、皇冠级、金冠级，而这 4 个等级下各有 5 个等级，如店铺从 1 星升到 5 星后，再提升就变变为 1 钻，5 钻之后变成 1 皇冠，以此类推。店铺等级是根据用户评价来得出的，计算方法就是"好评"加一分，"中评"不加分，"差评"

扣一分。

京东店铺等级则是以星级来体现，就像是所有用户对该店铺的综合打分，5星为满分，星级越低则店铺得分越低。店铺综合服务水平越好，获得的店铺星级相对越高，可获取的店铺经营资源相对越多。店铺星级以星级排名率为基础进行星级划分，同时考察商家的合规经营情况。

（2）店铺层级

淘宝共有7个层级，1级至7级为最低级至最高层级，淘宝店铺层级可以在千牛工作台打开"生意参谋"或者搜索引擎搜索"生意参谋"点击打开，即可在主页面看到店铺层级（见图3-21）。店铺层级的划分主要是根据近30天销售额在行业类目的排行，每个类目销售额不同，因此需要随时关注店铺层级的变化。

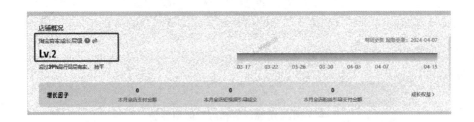

图 3-21　淘宝店铺层级

店铺处于第一、二层级的属于淘宝底层卖家，数量占同类目的70%，但是只能分配到平台30%的流量，竞争十分激烈。第三、四、五层级的属于淘宝中层卖家，数量占同行业的25%左右，平台流量占比

40%左右。第六、七层级的属于淘宝顶层卖家，数量只占同行业的5%左右，但是流量能达到平台的30%。店铺层级越高，权重越高，流量就越大。

京东可以在京麦APP或商家后台中点击"商家成长中心"，再点击"查看新店铺层级"按钮，即可查看店铺层级。京东层级有L6～L1共6个层级，其中L1是最高层级，每周一更新。京东层级是基于商家近30天经营规模、服务体验、用户运营、营销推广等维度综合评估。

拼多多可以在拼多多商家后台，点击"数据中心"，再点击"经营总览"，即可在页面看到店铺层级（见图3-22），拼多多层级划分和规则与淘宝相似，都有7个层级。店铺层级的划分主要是根据近30天成团订单总金额（含平台券）在行业类目的排行。

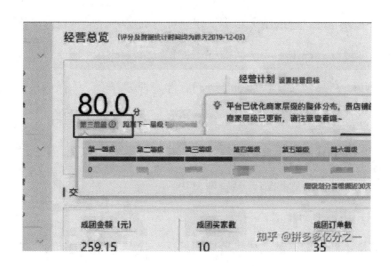

图 3-22　拼多多店铺层级

（3）店铺 DSR（动态评分）

店铺 DSR 也叫店铺动态评分，体现了消费者对商家产品、服务及物流表现的综合评价，反映近 6 个月内所有买家评分的平均值，店铺初始 DSR 均为 5 分。DSR 评分可以提升店铺权重，高分店铺可获得更靠前的展示，以吸引流量，提升销量。

我们想要保持或提升店铺 DSR，就要从产品、服务及物流入手。产品的质量、图片、详情页描述等都要符合商品实物，尤其是图片的详情页描述，不能夸大商品属性，假如因为现实因素限制，比如，照片色差、产品属性在合理范围内的波动，也需要在图片或介绍中写清楚，避免商品实物与描述差距过大导致店铺 DSR 降低。商家服务在于服务态度、客服响应时间、客服专业程度、售后服务满意度等，因此商家可以对客服人员进行统一的服务培训，建立统一的服务标准，在服务客户时需要态度良好、热情耐心、诚实守信、积极解决问题。物流表现需要从发货速度、产品包装、快递服务、问题件处理等着手，确保店铺物流人员发货速度足以支撑店铺销量，产品包装需要考虑到运输保护，建立统一的物流标准和制订统一的应急方案，并与买家积极沟通，避免因为沟通不到位导致的物流问题影响店铺 DSR。

（4）店铺上新率

店铺不断上架新品，代表着店铺的活跃状态，活跃的店铺更容易得到流量推荐，提高权重。淘宝上新率统计的是店铺近 30 天内上新的次数，以一天为单位计算。比如，这个月 30 天，有 3 天上架了新产品，上新率是 10%，如果有 15 天上架了新产品，上新率就是 50%。店铺保持一个稳定的上新频率对于提升店铺权重作用很大，同时新品本身也有一定的流量扶持，更容易吸引流量。

店铺想要提高上新率，可以准备足够多的补充产品，真实地不断上新，但对于农产品电商商家来说，可能很难找到那么多新品可以上新，那么还有一种方法，那就是把老商品删除掉，重新上架。不过这种方法也需要注意，老商品点击下架后再上架是不算新商品的，必须得删除后重新上架，因此需要经营者衡量老商品删除是否划算。比如，店铺的常驻款苹果礼盒，这个商品链接已经积累了很多好评，销量也十分稳定，其本身对于店铺权重的提升已经很大了，此时删除再重新上架肯定不划算。但是对于上架了两个月，已经过了新品期的商品，日常点击量、销量都比较低迷，那么这个商品显然很合适重新上新，说不定还能借助新品期的流量扶持爆发销量，或者通过上新率提升店铺权重。

（5）店铺动销率

店铺动销率是指近 30 天内店铺内产生了销售的商品数量，在店铺所有商品数量的占比。比如，店铺正在出售的商品有 100 种，近 30 天有 80 种商品都产生了销售额，那么店铺动销率就是 80%。店铺动销率＝（近 30 天内产生销售的商品数量÷店铺商品数）×100%。动销率越高，给店铺的加权也就越高。

想要提升店铺动销率，需要确保店铺上架宝贝数量足够，通常来说需要 10 件以上的商品，因为商品数量太低系统不会统计动销率。然后我们尽量要促使店铺的每一款产品，在任何的统计周期内，至少能成交一单，这样才能保证店铺的动销率，因此对于上架要超过 30 天了还是没有销量的商品可以删除后重新发布。

（6）店铺滞销率

店铺滞销的定义就是某一款商品上架 30 天仍没有产生交易，就会被视为滞销商品，滞销率高会导致店铺权重降低。滞销可以分为单品滞销、商品 SKU 滞销。如果想要降低单品滞销率，可以采用和提升动销率一样的方法，比如，某一款商品上架接近 30 天仍没有销量，可以直接删除商品重新上架。需要注意的是，如果是某一商品链接内某一 SKU 滞销，比如，水果多拼礼盒链接内，"苹果+橘子+香蕉"这一商品近 30 天都未产生交易，那么可以单独下架或更改这个 SKU，尽量避免直接删除，因为商品信息的变更有可能会影响到这个商品链接的权重。

（7）店铺违规降权行为

如果店铺出现了违反电商平台规则的行为，很有可能会被平台降权。这些行为包括商品为了吸引客户胡乱填写或者堆砌关键词，为了抢占更多流量重复发布某一商品，为了压低商品价格而大幅提高邮费，商品中出现其他店铺、平台的链接等引流行为等。而且通常平台对于店铺的降权不会通知店铺，但是违规行为一般会进行通知，店铺需要及时发现并停止违规行为，否则对于店铺长期的销量影响会很大。因此开店需要充分学习平台规则，一般搜索平台规则中心即可找到所在平台的规则文件。

3. 快递成本控制

目前除京东外，其他平台还没有自建物流体系，因此降低快递成本的最快方法有两个：一是降低运输包装成本，二是和固定的快递物流点或者物流公司谈成合作。降低运输包装成本，可以在包装材料、不必要成本、包装测试等方面想办法。

包装材料：常见的农产品物流包装以硬纸板、泡沫为主，不同材料对运输过程中的破坏抵御力是不同的，同时其重量也不同，从而影响运输费用，因此包装设计时应该考虑到抵抗力、材料成本、重量这些主要影响运输费用的因素。比如，草莓对于运输抵抗力的要求高，可以定制专用的分隔泡沫箱，而南瓜则可以稍微粗暴一些，以降低包装的成本。

不必要成本：包括美化成本和过度包装成本等，比如，考虑在运输盒、运输箱上是否有必要印品牌标志，包装是否需要彩色的材料。过度包装则是农产品快递运输成本过高的主要原因之一。包装主要考虑两个方面：一是包装的大小是否契合，二是包装的装运输效率。比如，只有一小盒蔬菜，却使用大箱子来包装，还需要再填充很多泡沫等垫料，不仅成本增加了，客户体验还不好。

包装测试：在使用某一包装时，最好先对包装进行一定的耐用度、抵抗力、保护程度等测试，确保不会因为包装问题导致后续有很多退货退款等售后问题，以节省损坏货物、产品返工、退货和换货带来的费用。

快递运输成本还可以通过与第三方快递公司达成合作来节省。目前市面上的快递有顺丰、邮政、圆通、申通、中通、韵达以及各种其他小型民营快递。如果是商品单价较高、利润较高的，可以找顺丰、邮政快递。通常来说，农产品商家还是倾向选择"三通一达"，少数商家和其他小型快递公司也可以达成很低的快递运输合作价格。

一般店主直接去对应公司的快递收发点就可以和工作人员谈价格。可以和工作人员说自己是开网店的，预计每天订单量达到多少，快递点负责人一般会给一个低于市场价的运输费用，但是对于一天只有几单的新店，快递点给的价格不会太低，但是建议实事求是地和快递点谈，毕竟需要长期合作。当后续达到一定的订单量时，商家也会具有一定的议价权。建议多找几家快递公司对比价格，选择最优惠的几家使用，因为不同快递公司在寄同一地区的时候，价格也会有差距，我们前期可以根据发货目的地动态调整发货渠道。

用"互联网+"开启农村电商

近年来,"互联网+"的热度越来越高。通俗地说,"互联网+"就是通过新互联网技术的优势,将其融合进传统产业中,从而使产业优化甚至转型。"互联网+"曾改造了很多产业,如电子商务模式、互联网金融模式、在线影视等都属于"互联网+"相关产业,可以理解为,只要产业中深度融合了互联网内容,都可以叫"互联网+"。

既然互联网能促使那么多产业转型优化,形成新业态,那么为什么"互联网+"农产品电商却在近几年才开始热度攀升?这是因为传统农业存在产业模式十分多样化、生产水平参差不齐、产业链结合方式复杂等限制因素。同时农业基础盘在农村,农村基础设施不完善,"互联网"观念没有完全普及农村地区,也是"互联网+农业"很难落地的原因。虽然这些都是限制因素,但是一项项地解除限制就能让"互联网+农业"的路越走越宽。

我国乡村振兴战略把农业科技和装备强化、农村基础设施建设提高到重要战略地位。近年农村地区基础设施和装备升级,为产业升级搭建好了基础盘。2015年起,我国出台了很多支持"互联网+"产业发展的政策,其中针对农业产业转型升级,更是在2022年提出"数商兴农"工程,正式敲开"互联网+"农产品电商的全新时代的大门。众多企业、创业者从未停止过对"互联网+"农产品电商的探索,在这些不断试错的过程中,不乏成功的案例和模式,为我们提供了发展的方向。

对于想要进行"互联网+"农产品电商创业的创业者,传统电商只是方向之一。传统电商虽然模式清晰,能够"吃到"一定的互联网红利，但是传统电商对"互联网+"农业的融合不算深度，而且市场竞争也逐渐激烈，商家都开始"卷"起来了。所以在传统电商之外，还有很多新兴的甚至正在探索的农业产业模式。新的东西意味着这一块蛋糕还没有被瓜分，如果能入场并存活，就能得到很大的回报。

因此"互联网+"农产品电商的兴起既为农村地区创业者提供了新的创业思路和机会，同时也对创业者提出了更高的要求。一方面既要深度理解自己创业的方向和模式，梳理整合并最高效利用现有资源；另一方面还要在模式上再度优化和创新，积极寻求外部合作，吸引社会资源。

● "互联网+自有农场"模式

"互联网+自由农场"，是指由企业进行农产品生产与销售，销售对象是个人消费者。实际上其与传统电商和生鲜电商平台供销模式相同，但是传统电商和生鲜电商平台的企业自身是不进行生产活动的，自己不种植、不饲养，甚至不加工，而是从其他企业、工厂、品牌处进货，再经过"互联网"渠道销售。那么传统农产品电商和生鲜电商平台的农产品走向就可以理解为"生产—加工—中间商—消费者"，而农产品电商企业只占"中间商"一环，因此利润空间会被无限压缩。

1. "互联网+自有农场"的实现方法

如果企业本身就可以生产农产品，那么就可以在企业销售到个人的供销模式上增加生产和加工环节，自己生产、加工、销售，形成农产品电商的"互联网+自由农场"。即企业自身承包一块地，种植农产品、饲养鸡鸭牛羊等，再通过分级、包装等加工，最后卖给个人消费者。这种模式可以通过已有电商平台进行，也可以通过企业自建网站进行销售。"互联网+自由农场"最终形成的店铺或平台是以自己的产品为主，同时也能实现"中间商"的功能，可以通过整合其他厂商，或者农场的农产品进行销售，从而丰富货品。

2. "互联网+自有农场"的优势与局限性

"互联网+自由农场"对于资源的要求并不高，只需要具备生产环节、初加工环节、电商店铺就可以形成模式基础。该模式的优势就是能够快速打造品牌，从而实现农产品高端化，毕竟百闻不如一见，单纯的"中间商"是没有底气营销产品品质的，而一旦农产品电商企业具有自己的农场，可以从方方面面展示规范、标准、安全的生产环境和加工环节，很容易就打造出品牌形象，同时消费者对这个品牌的信赖度和粘性都很高。但是这种模式有一点弊端，就是经营农场需要企业付出很多精力，很难做到大规模地生产和销售，同时生产的农产品种类也有限。

了解了"互联网+自由农场"模式的特点后，如果是本身就在生产农产品但是缺乏市场渠道的创业者或企业，就很适合这种模式，只需要搭建一个店铺或平台，就可以开始打造品牌并产生销售。另外，希望快速打造品牌口碑的创业者或企业，可以使用自有农场来达成目的，打造口碑后是否继续采用"互联网+自由农场"则需要根据企业经营情况和目的决定。

当然"互联网+自由农场"无法大规模生产与销售是停留在仅销售农产品的层面上看的。"农家乐""农事体验""科普教育"等服务或产品所需的要素，"互联网+自由农场"模式的企业一般都具备，只是需要企业或创业者构建成型后，即可向市场推出这类产品或服务。

3. "互联网+自有农场"实例

沱沱工社就是采用的"互联网+自由农场"模式。沱沱工社在2008年开启了生鲜电商业务，定位是为用户提供有机、天然、高品质的农产品。沱沱工社建设了1 050亩的自有农场——"沱沱农场"，种植作物达50多种，而且农场还充分利用林下区域来饲养肉鸡、蛋鸡。除自有农场之外，沱沱工社还有联合农场可以实现农产品生产，已经形成了相对成熟的模式。沱沱工社充分运用了互联网思维，通过抖音、小红书等社交平台实现品牌曝光，并且生鲜电商交易也是通过自己搭建的小程序实现的。基于沱沱农场，沱沱工社还推出了农场亲子采摘活动、农家乐健康餐饮、农场有机美食特供等内容，证明了"互联网+自由农场"还有更多可能性。尤其是农产品产地有文化、地域特质的，甚至有打造成网红打卡点潜力的，或者可以和学校、企业达成合作，打造成科普教育基地。

● "互联网+家庭会员宅配"模式

"家庭会员宅配"听起来有点抽象，实际上就是把农场生产的农产品直接配送到家庭会员手中。而实现方式是会员制，也就是消费者通过购买月卡、季卡、年卡就可以享受到对应价值的农产品。"家庭会员宅配"模式服务的对象是以家庭为主的会员，实际上"家庭会员宅配"可以通过电商模式运营，还能像以前鲜奶配送模式一样通过实体店实现。

1. "互联网+家庭会员宅配"的优势与局限性

"家庭会员宅配"模式很容易打造品牌概念，而且还可以为客户提供一定的个性化服务，会员可以自定义每次收到的农产品组合搭配。企业也可以根据每个会员的喜好提供个性化服务。这种模式还利于与客户建立长期的合作关系，比如，某一客户一开始是收到别人赠予的会员卡，使用之后体验很好，并且养成了在会员平台购买农产品的习惯，便会有很大概率再次购买会员服务。

但是，实现"家庭会员宅配"模式的要求相比"自有农场+B2C"

要高很多：首先，需要有自有农场，或者与农场达成合作，实现生产；其次，还需要打造品牌，"家庭会员宅配"模式定位高端，成本也更高，因此需要建立稳定的客户群体，才会有忠实客户购买会员卡；最后，还需要搭建稳定、高端的会员平台，会员才能在平台上预订到心仪的农产品。因此"家庭会员宅配"模式对于资本、技术、运营管理能力都有很高的要求。

"家庭会员宅配"模式可能不是创业者或者没有足够资本厚度的企业从一开始就能选择的模式，其高要求意味着需要高投入。因此相比创业，更像是一种企业"转型"方向，对于已经打造出品牌，且目标客户群体本身具有较高消费能力的，可以在有农产品零售收入支撑、基础内容搭建完善的基础上，开发"家庭会员宅配"服务，相当于拓展一项新的品牌业务，还能对加深品牌形象起到辅助作用。

2. "互联网+家庭会员宅配"实例

"互联网+家庭会员宅配"模式的典型代表是曾经的多利农庄，多利农庄于 2005 年在上海成立，后续在上海、北京、成都等城市开展有机蔬菜销售。多利农庄采用的就是"从田间到餐桌"直供会员的"互联网+家庭会员宅配"模式，从土壤的改良培育、有机肥研制、有机植保、产品现代化包装、全程冷链配送等各个环节均有严格的管理和把控。多利农庄通过这种模式打造了可靠、专业、健康、环保和创新的品牌形象，这使得多利农庄在有机蔬菜市场中具有较高的知名度和美誉度。因为多利农庄"家庭会员宅配"模式通过会员卡实现，其价值高，更适合作为赠礼，因此客户群体除了本身有高品质农产品需求的城市居民，还有很大一部分是会购买多利农庄的有机蔬菜作为员工福利或者礼品的大型企业。同时多利农庄在全国范围自建了多个生产基地，同步开发了度假观光、旅游休闲等功能，可以吸引有亲子教育和农事体验需求的家庭及团体。

● "互联网+订单农业"模式

订单农业还可以叫合同农业、契约农业，是农户或者生产单位在生产农产品之前就与订购者签订合同或契约，提前约定好订购的农产品种类、数量、价格等，然后农户再根据约定按时、按量、保质地生产农产品进行交付的一种农业产销模式。

订单农业这个"新朋友"其实已经多次出现在中央一号文件中，2023 年中央一号文件再次提到"鼓励发展粮食订单生产，实现优质优价""鼓励发展农产品电商直采、定制生产等模式"，说明订单农业是有政策和实际支撑的事情。

对于想要通过农产品创业的创业者或者企业，订单农业又能起到什么样的作用？订单农业最大的作用就是很大程度地减少了市场的不确定性。"番茄滞销！十几万吨番茄烂在地里！""沙糖桔滞销！果农一年亏损几十万"这类新闻常常会出现在农产品盛产季节的新闻版面上，造成滞销的原因其实就是农户或者生产单位与市场缺乏有效的信息交流渠道，造成了信息的不对等。就比如，一个农户认为沙糖桔好卖，往年别人都卖到断货、赚了个盆满钵满，于是他也盲目跟风种了沙糖桔，但是实际上市场不需要那么多沙糖桔，或者找到买家的成本和运输成本计算下来比收益还高，就会造成滞销现象。

而订单农业的出现相当于卖家提前对接好买家，用市场需要什么来决定农户生产什么。从而避免盲目生产，规避滞销风险，真正最大化土地、人力、资金利用率，这样才能让农户和企业真正赚钱。

1. "互联网+订单农业"的实现方法

订单农业是多个主体形成的一种农业产销模式，那么订单的卖家和买家怎么定？找谁来签这个订购契约呢？"互联网+订单农业"怎么实现？

卖家一般是农户、合作社或者生产企业，买家可以是个人、龙头企业、加工厂、批发市场、经销公司、科研机构等。如果是具有生产能力的创业者或者企业，可以作为卖家入局，但是需要明确自身定位，要生产什么类型的产品，目标客户群体是哪些，要去哪儿才能找到客户群体给我们下订单。就如同传统农产品零售从菜市场转化到电商平台，既然要"互联网+"提高效率，订单农业同样也可以把市场环节放到网上。在网上销售还有很多方法，比如，在电商平台开网店，然后植入订单服务，使用预售形式实现；在社交平台如微博、小红书做品牌打造，有流量之后，大家知道有订单农业这种模式自然就会来订购；把公域流量吸引到私域，做私域运营，如在朋友圈、微信群做推广，通过老拉新等形式不断增加客户量。这些方法互相之间并不矛盾，而且不局限于距离，可以根据精力和成本选择一种或者多种方式进行推广。

假如不具备生产能力，可以考虑和合作社、农户、生产企业等具备生产能力的单位紧密合作，这种切入方法就是以类似"山友e联"的形式为生产单位提供了稳定销售渠道，通过组织零散农户、合作社，统一面向买家"接单"。不过这种模式目前还在探索阶段，已有的"山友e联"是以村、企党支部联合共建的创新形式，企业引种苗、出技术、做包装、立品牌、跑市场，村党支部牵线，流转土地或组织种植，从而发展订单农业。

2. "互联网+订单农业"的优势

订单农业有一个很大的优势，因为订单农业的订单合同是采购商直接和生产商签订，但是价格是参考市场价，相当于省去"中间商"的对接，使得生产商一定程度上赚到了"中间商"的钱。

"别的地方种菜按斤卖，我们的蔬菜按棵卖！"这就是云南省陆良县板桥镇实行了订单农业后的状态，收购的蔬菜商直接以2元一棵的价格收购生菜。因为早在年初，种植户就与龙头企业签订了合同，根据往年市场价格定价，种植户再按合同进行有计划的种植。

浙江山友天然食品有限公司以"山友 e 联"党建联盟为依托，联合多家专业合作社，覆盖百余户农户。龙头公司引领，合作社专业化运营，基地提供种植支持，农户参与生产，市场销售产品。企业负责引进优质种苗、提供技术指导、打造包装品牌并开拓市场。村民可以选择将地流转给公司运营，公司可以招收村里其他的过剩劳动力，让村民既赚取租金又参与工资性生产，并且全面解决农产品销售难题。

3. "互联网+订单农业"的困境

目前订单农业仍存在困境，可能会有违约情况发生，这一点需要从两方面看，如果作为生产商，虽然提前搭上了买家的线，而且根据市场约定好了价格、数量等，但是如果签约后市场价格变动太大，市场价远远低于约定价，就可能存在买家反悔违约的情况，买家可能会少买甚至直接不买了。从买家角度看，农产品仍有因为自然灾害，双方对于农产品质量的认定标准不统一，或者卖家缺少契约精神，生产经营不善等最终导致约定的商品无法交付的情况。想要尽量避免违约情况，在签约时就要在合同中就要特别注意明确产品品种、质量标准、交付方式和时间、付款方式和时间、违约责任以及争议解决方式等，并且双方要充分了解合同的内容和条款。

作为农户或者卖家，还有一种涉及订单农业的骗局需要特别提防。可能会有一些商家假称无门槛、包培训、包农资、包回收的假订单农业，听起来收益稳定，养出来或者种出来成品后价格很高，但是需要你购买高价种苗，而且一般是极难养成或者该商家最终找各种理由不回收，最终导致养殖户血本无归。常见的套路有蚂蚁、宠物蜗牛等特种养殖动物，灵芝、冬虫夏草、药材等少见的特殊植物、菌类等。因此种苗一定要从正规厂商处购买，同时骗局的套路也在不断更新，也许从卖种苗变成卖培训、卖农资等，在进行商业活动、签订订单时需要合规合法，仔细斟酌，避免被骗子钻了空子。

4. "互联网+订单农业"实例

盒马鲜生是阿里巴巴旗下的生鲜配送新零售超市，盒马鲜生自2019年来持续推动"盒马村"项目前进。这个项目就是以盒马鲜生的市场需求为导向，通过订单农业的方式和盒马村合作，从而引导农民标准化、规模化地生产农产品，实现双赢。在"盒马村"项目中，盒马鲜生制定了符合自身的生产标准，对品质、加工、物流、仓储、分拣以及包装等均有严格标准，让农户在生产农产品时有标准可供参考，也避免了没有标准导致的买卖双方意见产生分歧而产生违约的情况发生。各个盒马村也不断挖掘本土资源，比如，戴庄盒马村挖掘的"霜打菜"，这些资源为盒马鲜生源源不断地提供新产品，同时盒马鲜生也能够推动这类特产面向大众消费者。

● "互联网+社区团购"模式

美团优选、多多买菜等都属于"互联网+社区团购"模式。美团优选、多多买菜都是通过他们本来就有的电商平台为线上交易平台，自建城市中转仓库，优选生产企业供货，由团长组织社区团购，农产品走向是"企业—中转仓库—团购点"。

1. "互联网+社区团购"的实现方法

创业者和小企业可以借鉴社区团购模式实现"互联网+社区团购"。比如，一个农户种了耙耙柑，耙耙柑每年 12 月前后成熟，产量巨大，但是批发价卖给收购商赚不了多少钱。农户希望能自己卖并赚取更多利润，那么就可以在耙耙柑上市的时候在附近社区招募团长。团长可以是在社区居住的居民、商户等，需要在社区有一定影响力，然后由团长进行分销，并在社区内宣传，如果卖出耙耙柑，团长就可以获得分成。

2. "互联网+社区团购"的优势和局限性

"互联网+社区团购"相比一般的社区团购或者分销模式更容易获取客户信任度，同时也更便利。"互联网+社区团购"可以通过线上平台或店铺作为交易渠道，可以很好地展示商品种类、品质、价格，并且可以通过平台付款、有平台证明和监督，让社区团购客户具有更高的信任度。而团长就可以当作线下取货点、服务点。以此实现"互联网+社区团购"模式。该模式的优势就在于社区团购的传播速度非常快，如果某一社区拥有了一定的客户群体，这些客户群体会自发推荐新客户，从而产生客户裂变。

不过这种"互联网+社区团购"模式可能不适合大范围使用，而且只适合生产地附近社区和居民较多、产品受众更广的商家，否则可能出现一个社区的客户过少、团长不积极、收益低，或者产品品质得不到保证的情况。

农产品电商实战分析

农产品电商创业之前多看看别家的做法有很大的帮助。任何东西都从头自己摸索，毫无疑问会耗费大量时间、精力和资金来试错。实际上农产品电商很多的"坑"前人已经踩过了，比如，农产品商品主图怎么打标卖点和折扣、各类农产品的定价、不同商业模式的选择等，很多内容可以先学着"大品牌"做，再来学习为什么要这么做会更有迹可循而且省心省力。

如果是农产品电商店铺已经开起来了，但在经营中还是陆续碰到很多问题，包括想要提高成交量、评论回复、服务标准等，通过分析其他店铺，说不定也可以找到适用的解决办法。

● 传统电商案例——王小二

品牌"王小二"早在 2012 年就在淘宝开设旗舰店，在淘宝搜索"王小二旗舰店"就能搜到。在 2020 年的天猫"双十一"购物狂欢节里，王小二的水果生意异军突起，获得了巨大的成功，以惊人的 1 273 万元销售额在天猫生鲜类别中夺得第二名。

王小二的主营产品是生鲜水果。王小二是直接深入果农基地，与果农直接合作，再通过电商平台面向消费者零售的模式。王小二把电商平台上的订单整合后统一向果农基地采购鲜果，因此相比传统零售模式，该模式不损害果农收益同时具备更高的议价权。

王小二在这个模式中，从前端采购开始，到运输、曝光、仓储、物流、生产、品控、客服、销售、IT 系统都搭建了体系和团队，所以尽管王小二的模式可行，但也需要做足准备，用其创始人的话来说："其实，我们跟其他同行相比，我自己感觉就像爬一座山，爬到山顶往下冲的话会比别人跑得更快；但是在这之前，这座山没多少人肯爬的。"

1. 商品卖点

王小二主营生鲜水果，店铺内水果种类十分丰富，因此不同水果也在主图上标上了不同的卖点，大致可以分为几种类型：如果水果品种本身就比较出名并且还是某地方特产的，如烟台红富士苹果、丹东 99 草莓、安岳黄柠檬等，主图一般会以"正宗"或"正宗产地"为卖点；对于品种和产地某一项不那么重要或不那么出名的，一般卖点会加上其口感、口味、特点等，比如，爱媛 38 号打的卖点是"可以吸的果冻橙"、香水柠檬打的卖点是"严选长条果"和"清香宜人"；还有一些特例，或者消费者有特殊痛点的产品，卖点需要直击痛点，比如，百香果的打的卖点就是"送开果器"，丹东 99 草莓则把"顺丰空运"和"次日达"作为卖点。

通过王小二的热销产品可以了解到，其总体的产品卖点是"产地直发"和"正宗原产地"，其大部分商品都会打上这类卖点。

2. 价格定位

王小二旗舰店内大部分水果销售单位为斤，一般有 1～10 斤装。其水果包装分为普通零售和礼盒装，普通零售的定价大致为 10～60 元，礼盒装定价则是在零售的基础上向上浮动。对于比较特殊的种类，比如，牛油果的销售单位为枚、榴莲的销售单位为个、进口"4J"车厘子等，这类水果的定价远高于其他水果。

王小二整体采取的价格定位策略是中低定价，同时利用了客户的比价心理，将单价定得比较高，但量越大越便宜，从而促使客户倾向于购买更大量的产品，从而提升客单价，提高单客利润率。

3. 农产品拍摄

王小二旗舰店的农产品照片拍摄也可以分为两类。对于普通零售的鲜果，主图拍摄大部分是用"小场景布置+特写镜头"进行拍摄。比如，爱媛38号主图是切开的果子插上吸管的特写镜头，徐香猕猴桃则是使用勺子舀出半颗切开的猕猴桃，以此体现这个水果的外观、口感、大小、特色等。而对于礼盒装的鲜果则很少使用已切开的水果特写镜头作为主图，其大多是通过背景或场景布置凸显产品本身的外观和包装的外观。比如，山东秋月梨主图是其礼盒内秋月梨的包装，甚至没有直接拍到秋月梨。再比如，爱媛果冻橙礼盒是通过以礼盒为背景、单个爱媛为主体拍摄的，既能展示产品外观又能展示礼盒外观。

其商品展示视频的拍摄就是展示农产品本身的新鲜、水分等可以直观感受的内容。比如，猕猴桃拍现采现剥，贝贝南瓜拍蒸好后的粉糯质感，或者直接镜头平移使用特写镜头拍成视频。

4. 店铺装修

以手机端首页为例，其装修是以红色为主的简约风格，由上至下的板块是关注领优惠券、爆款商品的视频/海报及促销活动、活动款商品分区、会员专区、产品分类推荐。可以分析其首页板块设置的主要目的是拉拢新客户、打造爆款、促进新老客户成交。

5. 店铺营销

王小二店铺常驻营销活动主要通过优惠券、直接打折、会员体系实现。优惠券以满减券、分享领取的大额券为主，王小二旗舰店的满减券一般需要满百元以上才可使用，可以提高客单价，而客户分享领取的低门槛或无门槛大额券，可以实现客户快速裂变式增长。店铺的直接打折一般使用在成本较低的商品上作为引流款，如打折到 8.8 元、9.9 元，其目的一般是促使新客户成交。会员体系有两种营销方式，均以优惠券的形式实现。一种是加入会员即可领取的较低门槛优惠券，另一种是会员通过购物可积累积分兑换优惠券，从而促进老客户成交。

王小二的站外引流主要是通过抖音等短视频平台，发布实地拍摄的生产、采摘、打包发货等视频，从而不断从站外引流新客户。

● 传统电商案例——爽爽农产品

爽爽农产品是一家拼多多平台的店铺，其主营产品是莲藕，并且以特产"洪湖粉藕"为主，"洪湖粉藕"也是全国农产品地理标志。爽爽农产品通过与洪湖当地藕农合作，采取藕农直销的方式，实现全店莲藕团购超过 50 万斤，单个爆品每日超过 500 人拼团。

1. 商品卖点

爽爽农产品店铺商品种类较少，以莲藕为主，其他湖北特产为辅，如小土豆、茄子、白皮黄瓜等。其卖点可以大致分为两种：一是因为店铺商品均有一定的特产属性，因此几乎所有商品主图都会标如"正宗""本地""原产地""现挖现发"等卖点。二是会根据不同农产品的特点加上食用品质卖点，比如，粉藕会标"煲汤""糯"等卖点，脆藕则会标"脆嫩多汁"的卖点。

2. 价格定位

爽爽农产品店铺商品的销售单位为斤，其莲藕只有 1 斤、3 斤和 5 斤装，链接显示价格均为 5~20 元范围内，5 斤装莲藕也不超过 20 元，其农产品包装均为普通运输包装、无礼盒装。

爽爽农产品店铺整体采取的价格定位策略是低价，通过较少重量的包装和简单运输包装，实现冲击销量的效果。此策略同样利用了客户的比价心理，购买量大的商品单价相对更便宜，一定程度上起到提高客单价、吸引老顾客复购的效果。

3. 农产品拍摄

爽爽农产品店铺的农产品照片拍摄可以分为两类，均是以体现农产品卖点为目的。以其主营商品莲藕为例，一是通过"小场景布置+特写镜头"拍摄的方法突出其食用品质。比如，用勺子挖开煮好的粉藕，从照片就可以看到莲藕的拉丝和粉糯质感，从而让消费者相信其莲藕是真的很粉糯。二是通过背景及场景布置拍摄出挖藕的场景。比如，背景是藕塘，前景是一双手正在摆放或展示带泥的莲藕，通过这样的挖藕场景体现其"原产地""现挖现发"等卖点。

4. 店铺营销

爽爽农产品店铺主要使用的营销方法是新客立减、限时秒杀等。新客立减主要使用于店铺的非主营农产品，如白皮黄瓜、西红柿等，就是通过这种营销方法促使客户尝鲜。限时秒杀主要用于店铺打造的爆款单品，不会所有商品均使用限时秒杀，并且单次设置的秒杀时限都较短，同时商品限时秒杀价格很低，让消费者产生不抢白不抢的心理，从而促使客户产生购买行为。

● 直播电商案例——灵恩农产品

实际上，直播电商赛道的竞争已经非常激烈了，除了京东、淘宝、拼多多等主流电商平台之外，抖音、快手、微信、小红书等内容及社交平台也先后入局。带货品牌、带货主播更是都在"卷"，但是农产品直播电商这个领域和其他综合性的直播电商不同，更多的主播是走"小而精"的路线，通过人设、风格、内容等记忆点，吸引、壮大自己的粉丝群体，最终形成稳定的销售渠道，因此能够容纳较多的小主播。

如果是电商初学者尝试直播电商，模式化的带货并非是最优选。如果想打造一个标准的直播间，首先就需要投入几千元甚至数万元的成本，其次如果没有营销推广和资本的支持配合，在流量和价格上很难与大品牌的直播间竞争。因此更建议电商初学者先尝试走"小而精"路线，多在主播人设、直播风格、直播内容的设计上下功夫。因此本节以抖音主播——灵恩农产品作为案例，为电商初学者提供一定的参考价值。

灵恩农产品是在抖音平台运营的以带货为目的的账号，其运营者是来自四川南充的一位返乡创业的"90后"小伙，该账号从2021年开始发布视频内容和进行直播，目前粉丝量已突破60万人。灵恩农产品是通过具有乡土情怀的视频内容吸引粉丝，再通过直播引导转化。主播是固定的两个人，主要销售的是面粉、面食和豆制品等较为固定的商品。该账号展示的情况符合大部分农村地区创业、或返乡创业的电商初学者的现状，因为有很多相似点，所以值得借鉴。有一个需要注意的点是，通过视频来吸引粉丝和通过直播来吸引粉丝需要的内容、策略和技术会有一定区别，灵恩农产品通过视频吸引粉丝的策略，不一定适用于所有初学者，要考虑到自己的初创团队的专业能力和技术能力等因素，再找到同类账号进行学习和借鉴。

1. 主播特点

灵恩农产品只有两位固定主播：一位男主播和一位女主播，其中男主播为该账号的运营者。他们在直播间的外貌都是往具有乡土气的方向进行打扮。女主播梳着双马尾发型，身着带花的大襟衣；男主播则是穿着深色布衣，整体是干练而接地气的外形。并且两位主播在直播过程中全程使用四川南充方言进行直播介绍，给人留下亲和力强、老实本分的老乡印象，十分容易吸引到想要买土特产或者想要助农的观众。

灵恩农产品直播的内容相比其他主播稍显单一，这与他们销售的商品比较固定有关。直播的内容主要为产品基础信息、特征、售后服务、购买方法等，同时配合现煮面条、现切豆干等行为突出产品的特点和真实性。同时会回答一些弹幕的问题，比如介绍南充当地特产特色等，从而引导新观众关注账号。如果希望通过直播吸引到更多粉丝，可以增添一些有趣或者观众感兴趣的内容，除了像灵恩农产品这样以特产、乡土、怀旧为直播要点，还可以直播干农活、乡村生活、喂养动物等契合主题的内容，其他类型的直播也同理。

2. 客户群体

直播电商的直播内容、客户群体、选品都应该是相辅相成，能够形成正向循环的。直播的内容需要吸引目标客群，选品也要根据目标客群的需求而定。

灵恩农产品因独特的视频内容，形成了乡土情怀特色和调性，主要吸引到的是中年群体，并且都是具有怀旧心理的群体。这类客户群体具有一定的消费能力，因此灵恩直播间并没有通过低价引导转化，而是通过直播内容引起观众共鸣，例如通过使用"童年的味道"等情感化话术，有效促进订单的生成。

3. 商品卖点

灵恩农产品直播间的产品的"卖点"与其他特产农产品商家差不多，还是标注"正宗""四川农村"等要素，只是相比传统电商来说，直播电商的商品卖点不那么需要在商品主图上打标，商品主图和商品链接大部分都是标上直播折扣。原因是传统电商宣传就是靠商品主图、详情介绍，而直播电商中，主播代替了"主图"，卖点是由主播讲出来从而直击消费者。试想一下，如果自己是直播电商的客户，肯定是听主播讲解商品后，被卖点触动了考虑购买，这时，当观众打开商品链接时，他们考虑的可能就是"价格是否合适？"，而不是"这东西好在哪里？"了，所以直播商品主图上的折扣比卖点重要。

灵恩农产品直播上架的农产品，由于其具有乡土情怀的独特直播内容，非常容易附加上"情感"卖点。有别于用"低价"、用主播夸张的表演和福利吸引客户，灵恩农产品因为其独特的直播内容，客户购买其农产品的决定性因素可能不再是价格、品质等客观因素，而是主播在讲解过程中附加给商品的精神文化价值。比如，在讲解某一商品的时候，主播加入了一些童年故事，这时客户"感性"的作用可能就会大于"理性"，因为情感上产生了共鸣或者只是喜欢主播赋予商品的文化色彩等主观因素，就会决定下单购买。

这些综合的因素造就了灵恩农产品与消费者独特的关系，对于众多直播电商商家甚至农产品电商商家来说，能从灵恩农产品上学习的一点，就是在自身与粉丝、客户、消费者之间，建立其突破销售关系的情感连接，商品的卖点不一定止步于商品本身，还可以是情感，是故事，甚至是品牌。

4. 直播间布置

灵恩农产品的直播间背景无论怎么变换，都会突出乡土情怀，常用的背景有麦田、堆有秸秆的家门口空地和农村风景等，这样的背景就为直播间风格的奠定了基调，不需要再标注"乡村""农村"这些关键词。

灵恩农产品在带货的时候还很注重前景布置，因为商品比较固定，所以一般只有几种前景布置。比如，卖挂面时，前景一边是规律堆叠的不同粗细的挂面，另一边是煮面的锅，不仅直观，在主播讲解的时候也更方便展示。相比背景的商品布置，前景的目的就要更明确一点，就是展示销售的产品、食用方法，方便主播讲解和展示，客户可以自己根据前景的产品点进链接购买，形成直播间的静默成交。

主播是直播成功的关键因素。在灵恩农产品的直播中，两位固定主播的画面比例是经过精心设计的，通常以左右各一人的方式出现在镜头前，共同占据屏幕的大约一半，以实现视觉上的平衡感。而在某一主播说话或者展示商品时，就会特意靠近镜头，另一主播后退让出空间，主播画面总占比不变，但会突出正在说话或者展示商品的主播，让观众目光聚焦到这位主播身上。特写展示商品等特殊情况时，主播可以不完整出现在画面中，但是这些特殊镜头不会长时间"霸占"直播间。

● 社交电商案例——李景秀

淘宝店"李景秀"，其经营者名字也叫李景秀，最初李景秀是在BiliBili（B站）注册了账号名"李景秀Lijingxiu"，并以陕北生活、美食等为主题，不断发布视频积累粉丝群体，达到一定的粉丝规模后以返乡创业为引，发布养蜂视频，视频主题也由陕北生活转变成了蜂农生活，后创立淘宝店，店铺粉丝和销量短期内爆发，蜂蜜月销数量达数万单。

李景秀主营产品是蜂蜜，其与当地蜂农合作收购蜂蜜，通过电商平台和社交平台直接链接粉丝群体。李景秀相当于把电商平台当作一个有保障的交易平台，通过社交平台直接向粉丝群体展示生产环境，并且以分享向科普的形式吸引更多潜在消费者，而且其带动当地蜂农的模式立意十分高大上，因此这样的传统电商模式会形成非常稳定、粘性很高的客户群体，并且能够充分利用新媒体的优势，其曝光量能够呈几何倍数的增长。

1. 内容特点

李景秀因为需要在视频中传达其个人 IP、理念等，因此分享内容大多以中长视频为主，并且选择以 BiliBili 为主投放视频。由于这类社交电商是一种重个人 IP 的模式，因此所有的视频均为李景秀本人出境，并且涉及蜂农生活的内容，李景秀都会戴上竹编防蜂帽，可以理解为竹编防蜂帽是李景秀这个 IP 的标配，也是视频记忆点。

李景秀发布的视频内容通常不会直白地带货，而是以分享或科普为主，比如，店铺要上架荔枝蜜，视频名字就叫"三五年难遇一次的野生荔枝蜜，很多朋友期盼已久，马上就要来了！"；想让更多人了解店铺的槐花蜜，视频可以取名"年产 1 000 吨！陕北为什么能产这么多槐花蜜？今天带大家上山看看"。这类内容不会引起路人群体的反感和抵触，更容易吸粉，可以想象成"带货"只是做视频顺带的事情，因为分享给大家知道，大家恰好有购买需求，自然就会去店铺下单购买。

2. 视频拍摄

李景秀视频时长大部分为 5 分钟到 10 分钟。由于该模式重个人 IP，因此视频主人公几乎都是李景秀本人，视频内容均以李景秀本人原声或配音来传达。因为常以蜂农生活、科普为主题，视频背景大多是在野外、农场，或者背景布置有蜂箱，并且视频不会添加过于厚重的滤镜，常使用安静悦耳的音乐作为背景音乐，视频整体风格是偏向自然、朴素的。

3. 商品卖点

李景秀的社交电商模式销售的产品卖点和传统电商体现方式不同，其产品卖点不是在电商店铺主页、商品主图、详情页等地方表现出来，其电商店铺主页、商品主图只需要与李景秀这个个人 IP 强关联就行。比如，在主图上打标"李景秀全网仅此一店"，或者使用李景秀拿着蜂蜜的实拍图作为商品主图。而真正体现商品卖点的还是在视频内容中，比如，其常使用的卖点就是真货、稀缺、助农等。视频科普"假蜂蜜"从而体现其售卖蜂蜜的真；再比如，通过表达"荔枝蜜""槐花蜜"的稀有，以这种蜂蜜的稀缺性作为卖点。

4. 客户群体

李景秀店铺采用的是社交电商模式，从平台外向店铺引流较多，店铺客户群体主要来源为 BiliBili 的粉丝群体，因此这种模式的店铺本身不需要花太多功夫在吸引目标客户群体上，而是使用新媒体平台发布针对目标客户群体感兴趣的内容，从而吸引目标客户群体。

● 社交电商案例——小红书

小红书本身是一个社交和分享平台，而且小红书的分享内容很大一部分是"种草"内容。小红书拥有非常庞大的粘性强、购买意愿强烈的用户群体。因此社交电商近年来在类似小红书这样的平台上，发展十分迅速。想要分析小红书上的农产品电商案例，可以搜索"生鲜"就会出现很多社交电商账号，当然农产品类目还有其他关键词，甚至有些社交电商账号用自己的网名、品牌名等也能在社交平台混得风生水起。

社交电商的运营与传统电商、直播电商都不同，社交电商是内容为主，"顺便"带货，所以其整体运营思路不同。社交电商更像是运营一个自媒体账号，因此在做社交电商之前，更要多分析案例，学习内容制作、蹭热点等技巧。

1. 商品卖点和文案设计

以小红书为代表的社交电商在带货的时候，卖点和其他电商直接标明直击客户不同，而是需要通过卖点与平台的潜在客户产生共鸣，从而激发其购买欲望。从共鸣到购买实际上就是"种草"的过程。比如，卖大闸蟹的商家宣传"我们的蟹个个满膏满黄"，效果不如"大闸蟹的膏yyds！没吃过的姐妹有福了"。再比如，卖牛排的商家也会宣传"强烈建议减脂期的姐妹把晚餐换成它"。

商品的卖点只有那么一两个，但是怎么把卖点以"种草"的方式植入人心，就有千万种方法了。因此做社交平台的电商，需要掌握的就是"种草"技巧，然后才是通过卖点"种草"潜在客户。

2. 客户群体

社交电商的客户群体很大程度是受所处平台影响的，比如，小红书的女性用户占比超过90%，而且其中63%是公司或企业机构等精英白领人群，并且大部分分享意愿强、消费能力强。同样可以做社交电商的抖音，其用户的男女比例就更均衡，其中一、二线城市中19~30岁的用户较多，三、四线城市中19~35岁用户较多。因此社交电商最好一开始就选好平台和对应的客户群体。

3. 农产品拍摄

社交电商的农产品拍摄主要用于分享内容，图片和视频是小红书内容分享的主要内容主体。和传统电商类似，笔记的第一张照片或者视频封面很重要，需要和笔记的关键内容对应，比如，"想告诉全世界这个血橙巨巨巨好吃！"的视频封面或者第一张照片，就应该出现血橙的特写，尤其是其果肉色泽的特写。至于从果树上新鲜采摘、打包发货等其他内容，都可以在后续照片或者视频中展示。

● 公共品牌电商案例——中国特产馆

在淘宝、京东等平台搜索特产馆，就可以看到各类地方特产馆、助农馆等，这些特产馆不仅汇聚了众多地理标志产品和地方特产，还通过电商平台的流量和推广策略，显著提升了这些产品的知名度和品牌影响力。

以往的地理标志产品等公共品牌实际上是存在一定困境的，公共品牌就像"大锅饭"，缺乏品牌监管。品牌产地内外，无论是否得到授权，都可以以公共品牌的名义上市，这就导致当地一边花重金和人力打造的品牌，小企业和个体经营者一边损害品牌声誉，导致消费者对公共品牌的信任流失。即使品牌打出了名气，消费者也还是面临"选择谁"

的问题，比如，同样是新疆哈密瓜，网上一搜，大大小小的店和商品琳琅满目，消费者还要想办法去甄别来源、真伪和品质。

而特产类店铺这样的形式可以解决公共品牌农产品在电商中的困境。特产类店铺商家本身就可以发挥公共品牌农产品筛选功能，商家大部分都会选择具有公共品牌授权，并且具有品质保障的供应商，而且店铺可以统一进行售后服务优化，解决公共品牌溯源难、售后难的问题，同时因为汇聚了公共品牌农产品，其品牌宣传推广更具优势，消费者信任度也更高。

1. 卖点挖掘

特产类店铺的商品最鲜明的特色就是地域特色。当某一地区的特色产品是其他地方无法复制的，则更加具有独特性和稀缺性，所以"产地直发""正宗""官方认证"就是特产类店铺最常用的卖点。公共品牌农产品一般还蕴含丰富的文化内涵和历史传承，比如，一些传统的手工艺品、古老的食品制作工艺等，这些商品不仅具有实用价值，还具有文化价值，所以"古法制作""纯手工制作"和各类独特的文化内涵特点也是常见卖点。除此之外，由于消费者对于公共品牌农产品的品质信任度不足，商品的权威检测报告、生产标准化等也可以作为辅助卖点。

2. 客户群体

特产类店铺的客户群体有三类：一是产地当地或周边居民，因为这类客户本身对特产具有一定的情感基础和认同感，并且大部分公共品牌最开始也是在产地附近开始"出名"的，因此当地或周边居民是特产类店铺的主要客户群体之一；二是企业为代表的具有送礼需求的客户群体，这些客户把特产作为员工福利、会议礼品或商务礼品，其通常会关注产品的品质和包装因素；三是产地游客，这类客户群体往往把特产赋予纪念色彩，或者是作为礼物购买，因此也会重视产品的品质和包装。

3. 价格定位

特产类店铺的产品可以分为简易包装和礼盒包装，简易包装产品通常采取低价定位，而礼盒包装产品通常采用中价、高价定位。

这是因为购买简易包装的客户群体主要是产地当地或周边居民，其诉求就是产品的高品质和性价比，尤其是初级农产品，其最吸引这类客户群体的要素就是便宜和好吃，因此价格定位就要匹配对应的客户群体，采取低价定位。

而礼盒包装产品的客户群体主要是有送礼需求、纪念品需求的客户，这类客户群体消费能力更强，同时能接受更高的商品附加值，可以为包装、文化、故事买单，因此大多采取中价甚至高价定位。

4. 农产品拍摄

特产类店铺的商品主图拍摄可以分为初级农产品的拍摄和加工农产品的拍摄。初级农产品的拍摄和其他农产品电商相同，以特写为主，主要展示这种农产品的特性，比如，南瓜、红薯就可以通过展示煮熟的果肉来体现品质。而加工农产品大部分在展示产品本身特点之外，还需要在主图展示包装方式，尤其是礼盒包装产品，一般是采用前景特写产品，背景摆上完整包装的产品的方式来体现。

5. 店铺装修

特产类店铺的店铺装修有一定的特殊性，不仅要考虑到整体风格的一体化，同时最好融入特产产地的地理、文化等要素，从而达到美观、便利、个性化、辨识度高等效果。

比如，京东"中国特产·山西馆"就在装修中融入山西特色"是醋，也是文化"，"中国特产·唐山助农馆"则在店铺首页海报介绍"不仅限于农产品的唐山文化传承"，加强个性化。

6. 店铺营销

特产类店铺相比于其他店铺，除了基本都有的满减优惠券、多件优惠等常驻营销活动外，对于礼盒包装产品的营销是非常重视的。

比如，点开京东"中国特产·楚雄助农馆"首页，就可以看到商家贴心的搭配有各类菌菇特产礼盒、礼包，同时配合优惠券、打折活动进行营销推广，因为其礼盒、礼包是由多个特产组合而成，更容易形成产品差异化竞争，同时养成客户群体消费习惯之后，很容易产生复购，客户粘性更高。

参考文献

范厚明，田也，2015. 谈生鲜农产品电商物流配送模式的改进［J］. 商业经济研究（35）：36-38.

姜汝祥，2013. 电商战略之电商2.0［M］. 北京：九州出版社.

李国英，2015. "互联网+"背景下我国现代农业产业链及商业模式解构［J］. 农村经济（9）：29-33.

李小锋，2014. 农产品电子商务模式选择的影响因素分析［D］. 武汉：华中农业大学.

刘建鑫，王可山，张春林，2016. 生鲜农产品电子商务发展面临的主要问题及对策［J］. 中国流通经济，30（12）：57-64.

上海财经大学宏观项目组，2023. 高质量发展引领经济复苏：中国宏观经济形势分析与预测年度报告（2023—2024）［J］. 中国经济报告，（6）：37-59.

谭本艳，文雅，2016. 中国生鲜农产品电商发展的现状与对策［J］. 世界农业（3）：181-184.

王崇，2013. 我国农产品电子商务模式研究［D］. 武汉：华中师范大学.

王胜，丁忠兵，2015. 农产品电商生态系统：个理论分析框架［J］. 中国农村观察（4）：39-48，70.

魏延安，2015. 农村电商：互联网+三农案例与模式［J］. 北京：电子工业出版社.

魏延安，2015. 农村电商：互联网+三农案例与模式［M］. 北京：

电子工业出版社.

张滢, 2017. 农村电商商业模式及其进化分析 ［J］. 商业经济研究 (6)：161-163.

曾叶明, 2015. 生鲜农产品电子商务研究综述 ［J］. 安徽农业科学, 43 (29)：341-343.

中国国际电子商务中心, 2022. 中国农村电子商务发展报告 (2021 -2022) ［R］. 北京.

中国食品 (农产品) 安全电商研究院, 北京工商大学商业经济研究所, 2023. 2023 中国农产品电商发展报告 ［R］. 北京.

中华人民共和国商务部, 2023. 中国电子商务报告 2022 ［R］. 北京.

附　录

• 附录 1　部分权威部门官网

中华人民共和国农业农村部（网址：http://www.moa.gov.cn）

中华人民共和国商务部（网址：http://www.mofcom.gov.cn/）

商务部电子商务和信息化司（网址：http://dzsws.mofcom.gov.cn/）

国家统计局（网址：https://www.stats.gov.cn/）

国家市场监督管理总局（网址：https://www.samr.gov.cn/）

中国绿色食品发展中心（网址：http://www.greenfood.agri.cn/）

国家农产品质量安全追溯管理信息平台（网址：http://qsst.moa.gov.cn/）

• 附录 2　部分政策、规范、规则

2023 年中央一号文件——《中共中央 国务院关于做好 2023 年全面推进乡村振兴重点工作的意见》（网址：https://www.gov.cn/zhengce/2023-02/13/content_5741370.htm）

2024 年中央一号文件——《中共中央 国务院关于学习运用"千村

示范、万村整治"工程经验有力有效推进乡村全面振兴的意见》（网址：https://www.gov.cn/zhengce/202402/content_6929934.htm）

《农业社会化服务 生鲜农产品电子商务交易服务规范》（GB/T 41714-2022）（网址：https://openstd.samr.gov.cn/bzgk/gb/newGbInfo? hcno=8CA1EE55421B38FD0A0B39B9E11CD108）

《中华人民共和国农产品质量安全法》（网址：https://www.samr.gov.cn/zw/zfxxgk/fdzdgknr/bgt/art/2023/art _ f5a0c2c6c3724a6aad91645043b012ce.html）

淘宝平台规则（网址：https://rule.taobao.com/）

京东平台规则（网址：https://rule.jd.com/）

拼多多帮助中心（网址：https://help.pinduoduo.com/home/help/）

● 附录3 电商实用工具网站

1. 热点、数据网站

淘宝教育——免费电商课程（网址：https://daxue.taobao.com/home.jhtml）

大数据导航——大数据查询（网址：https://hao.199it.com/）

addog——热点、设计参考（网址：https://www.addog.vip/）

梅花网——互联网资讯（网址：https://www.meihua.info/）

虎嗅网——互联网资讯（网址：https://www.huxiu.com/）

2. 设计网站

TOPYS——创意分享平台（网址：https://www.topys.cn/）

秀米——图文编辑、H5 排版（网址：https://xiumi.us/#/）

Canva——在线平面设计、包含主图图标、海报、电商 Banner 等模板（网址：https://www.canva.cn/）

字体天下——字体查找、下载（网址：https://www.fonts.net.cn/）

求字体网——字体查找、下载（网址：https://www.qiuziti.com/）

Pixabay——含无版权图片素材（网址：https://pixabay.com/）

Pexels——含无版权图片、视频素材（网址：https://www.pexels.com/zh-cn/）

Mixkit——含无版权图片、视频素材（网址：https://mixkit.co/）

3. 文案网站

文案狗——谐音工具（网址：http://www.wenangou.com/）

文案迷——文案参考、生成、制作工具（网址：https://www.zmthome.com/site/3085.html）

4. 通用工具类网站

在线工具——小工具合集（网址：https://tool.lu/）

一个工具箱——小工具合集（网址：http://www.atoolbox.net/）

unscreen——给视频抠图（网址：https://www.unscreen.com/）

inpaint——图片去水印（网址：https://theinpaint.com/）

ilovepdf——PDF 处理工具（网址：https://www.ilovepdf.com/zh-cn）